卷首语

《最新法律文件解读》是一套以为最新法律规范提供同步“解读”为主的系列丛书，分为刑事、民事、商事、行政与执行 4 个分册，按月出版。

本丛书以“解读”为重点，突出全、专、新、快、准等特点，通过对最新出台的法律、法规、司法解释、部门规章以及重要地方性法规进行同步动态解读，弥补了法律、法规、司法解释汇编类出版物没有同步阐释、解读内容的不足，为广大读者学习理解最新法律规范，正确贯彻执行法律文件，及时解决实践中的新情况、新问题，提供一个全方位、多层面的法律信息平台。

本辑遵循丛书确立的宗旨，收录近期出台的行政与执行法律法规及解读等内容，其中包括：《关于严防虚假新闻报道的若干规定》与解读；解读《关于审理证券行政处罚案件证据若干问题的座谈会纪要》，该解读阐释了《纪要》的指导思想，并对证券行政处罚案件的举证问题、案卷外证据排除规则的适用问题、电子数据证据的问题、专业意见的问题、上市公司信息披露违法责任人的证明问题等内容进行了权威的释解；《湖南高速公路条例》与解读；法官释案栏目收录了《职工无照驾驶无证车辆在上班途中受到机动车伤害死亡应否认定工伤》；新类型疑难案例选评栏目收录了浦江希望农副产品配送有限公司诉浦江县财政局等政府行政采购案、金连芬不服执行异议裁定申请复议案、卢磊诉市人力资源和社会保障局与物业管理有限公司工伤认定案及法官点评。

图书在版编目(CIP)数据

行政与执行法律文件解读. 总第83辑/江必新主编. —北京:人民法院出版社,2011.12
(最新法律文件解读丛书)
ISBN 978-7-5109-0380-9

Ⅰ.①行… Ⅱ.①江… Ⅲ.①行政法-法律解释-中国 Ⅳ.①D922.105

中国版本图书馆CIP数据核字(2012)第004619号

行政与执行法律文件解读. 总第83辑
主编 江必新

责任编辑 姜 峤
出版发行 人民法院出版社
地 址 北京市东城区东交民巷27号 邮编 100745
电 话 (010)67550573(责任编辑) 67550558(发行部查询)
65223677(读者服务部)
网 址 http://www.courtbook.com.cn
E-mail courtpress@sohu.com
印 刷 北京人卫印刷厂
经 销 新华书店
开 本 787×1092毫米 1/16
字 数 140千字
印 张 8
版 次 2011年12月第1版 2011年12月第1次印刷
书 号 ISBN 978-7-5109-0380-9
定 价 16.00元

《最新法律文件解读》丛书
编　委　会

责任编辑　姜　峤
电　　话　（010）67550573
邮　　箱　jiang9919@126.com

目　录

【司法解释、司法解释性文件与解读】

【地方性法规、地方政府规章与解读】

【法官释案】

【司法工作热点问题研究】

【新类型疑难案例选评】

部门规章、部门规章性文件与解读

新闻出版总署办公厅

关于印发《关于严防虚假新闻报道的若干规定》的通知

2011 年 10 月 14 日　　新出政发〔2011〕14 号

各省、自治区、直辖市新闻出版局，新疆生产建设兵团新闻出版局，解放军总政治部宣传部新闻出版局，中央和国家机关各部委、各民主党派、各人民团体报刊主管部门，中央主要新闻单位：

最近一段时间以来，受网络虚假信息的影响，传统媒体虚假新闻、不实报道呈上升趋势，一定程度上损害了政府形象，扰乱了新闻秩序，降低了媒体公信力，社会反映强烈。为切实维护新闻传播公信力，从源头上防止新闻造假，新闻出版总署依据国家有关法规和行政规章，制定了《关于严防虚假新闻报道的若干规定》，从新闻记者采访基本规范、新闻机构内部管理规范、虚假失实报道的防范及处理规则以及相关责任追究等方面提出明确要求。现印发给你们，请结合实际认真贯彻执行。

附：

关于严防虚假新闻报道的若干规定

真实是新闻的生命、媒体公信力的基础，也是新闻工作者基本准则。

为防范失实报道，杜绝虚假新闻，依据国家有关法规和行政规章，制定本规定。

第一条 新闻记者开展新闻采访活动必须遵守国家法律法规，严禁编发虚假新闻和失实报道。

（一）境内所有新闻机构的新闻记者从事新闻采访活动必须坚持持证采访。国家新闻出版总署核发的新闻记者证是全国新闻记者职务身份的有效证明，是境内新闻记者从事新闻采编活动的唯一合法证件。新闻记者在常规的新闻采访活动中应主动向采访对象出示新闻记者证表明身份，并自觉接受社会监督。

（二）新闻记者从事新闻采访报道必须坚持真实、准确、全面、客观、公正的原则，深入新闻现场调查研究，充分了解事实真相，全面听取新闻当事人各方意见，客观反映事件各相关方的事实与陈述，避免只采用新闻当事人中某一方的陈述或者单一的事实证据。

（三）新闻记者编发新闻报道必须坚持实事求是，不得发布虚假新闻，严禁依据道听途说编写新闻或者虚构新闻细节，不得凭借主观猜测改变或者杜撰新闻事实，不得故意歪曲事实真相，不得对新闻图片或者新闻视频的内容进行影响其真实性的修改。

（四）新闻记者报道新闻事件必须坚持实地采访，采用权威渠道消息或者可证实的事实，不得依据未经核实的社会传闻等非第一手材料编发新闻。

（五）新闻记者开展批评性报道至少要有两个以上不同的新闻来源，并在认真核实后保存各方相关证据，确保新闻报道真实、客观、准确，新闻分析及评论文章要在事实准确的基础上做到公正评判、正确引导。

第二条 新闻机构要建立健全内部防范虚假新闻的管理制度。

（一）新闻机构要严格规范新闻采编流程，建立健全稿件刊播的审核制度。严格实行新闻稿件审核的责任编辑制度和新闻稿件刊播的总编辑负责制度，明确采编刊播流程各环节的审稿职责，坚持“三审三校”，认真核实新闻来源和报道内容，确保新闻报道真实、客观、准确。

（二）新闻机构要规范使用消息来源。无论是自采的还是转发的新闻报道，都必须注明新闻消息来源，真实反映获取新闻的方式。除危害国家安全、保密等特殊原因外，新闻报道须标明采访记者和采访对象的姓名、职务和单位名称，不得使用权威人士、有关人士、消息人士等概念模糊新闻消息来源。

（三）新闻机构要严格使用社会自由来稿和互联网信息制度，不得直接使用未经核实的网络信息和手机信息，不得直接采用未经核实的社会自由来稿。对于通过电话、邮件、微博客、博客等传播渠道获得的信息，如有新闻价值，新闻机构在刊播前必须派出自己的编辑记者逐一核实无误后方可使用。

（四）新闻机构必须完善新闻转载的审核管理制度。转载、转播新闻报道必须事先核实，确保新闻事实来源可靠、准确无误后方可转载、转播，并注明准确的首发媒体。不得转载、转播未经核实的新闻报道，严禁在转载转播中断章取义，歪曲原新闻报道事实，擅自改变原新闻报道内容。

（五）新闻机构要建立健全新闻作品的署名规则。刊播新闻报道必须署采访记者和责任编辑的真实姓名；不是亲自采编的稿件不得署名；刊播经核实的社会自由来稿应署作者的真实姓名。

（六）新闻机构必须完善民意调查结果的刊播制度。刊播涉及民意调查的报道，要使用权威规范的数据来源，谨慎使用网络调查、民间调查、市场随机访问等调查数据，报道中要说明调查的委托者、执行者、调查目的、调查总体、抽样方法、样本数量等，客观反映调查结果。

（七）新闻机构要严格人事管理制度，坚持新闻记者、编辑职业准入制度。要及时为通过考录和考评合格的记者、编辑办理新闻记者证等从业资格相关证件。所有采编人员必须是与新闻机构依照《劳动合同法》签订聘用合同的人员，严禁临时人员、无证记者和无职称的编辑执行采访任务或者担任责任编辑。严禁聘用有新闻采编不良从业行为记录且正处于限制从业期限的人员从事新闻采编工作。

第三条 新闻机构要建立健全虚假失实报道的纠错和更正制度，完善虚假失实报道的责任追究制度。

（一）新闻机构要建立健全受理公众举报、投诉、核查、处置和反馈工作的程序机制，正确对待虚假失实报道问题，认真听取新闻当事人对新闻报道内容的意见，受理社会公众对新闻报道内容的投诉，实事求是核查新闻采编环节和采访证据，及时公布核查结果，妥善处理新闻报道引起的纠纷。

（二）新闻机构要建立虚假失实报道的更正制度。凡经调查核实认定报道存在虚假或者失实的，新闻机构应当在本媒体上及时发表更正，消除影响；致使公民、法人或者其他社会组织的合法权益受到侵害的，应当依法承担民事责任，赔偿损失。

（三）新闻机构要建立健全虚假失实报道责任追究制度。对新闻记者采访不深入、编辑把关不严导致报道失实的，新闻机构要通过本媒体公开道歉，并追究相关责任人责任；对新闻记者未实地采访，仅凭网络信息或者道听途说编写虚假报道的，新闻机构要公开道歉，新闻机构的主管单位要追究新闻机构主要负责人以及记者、责任编辑、分管领导等相关责任人的责任；对蓄意炒作虚假新闻造成恶劣社会影响、损害国家利益和公共利益的，除严肃处理责任人外，新闻机构的主管单位还要追究新闻机构主要负责人责任。

第四条 新闻出版行政部门要加强行政监督，严肃查处损害国家利益和公共利益的虚假失实报道。

（一）新闻机构及其新闻记者违反本规定的，新闻出版行政部门视其情节轻重，可采取下列行政措施：

1. 通报批评；

2. 责令限期更正；

3. 责令公开检讨；

4. 责令新闻机构主要负责人引咎辞职。

（二）新闻记者编发虚假新闻损害国家利益、公共利益的或者发表失实报道造成恶劣社会影响等问题的，由新闻出版行政部门依据《出版管理条例》、《新闻记者证管理办法》等法规规章给予警告；情节严重的，依法吊销其新闻记者证，并列入不良从业行为记录，5 年内不得从事新闻采编工作；构成犯罪的，依法追究刑事责任，终身不得从事新闻采编工作。

（三）新闻机构有下列行为之一的，由省级以上新闻出版行政部门依据《出版管理条例》、《新闻记者证管理办法》等法规规章给予处罚，情节严重的依法给予停业整顿或者吊销出版许可证：

1. 刊播虚假新闻损害国家利益、公共利益或者发表失实报道造成恶劣社会影响的；

2. 未按本规定建立健全并实施各项新闻采编管理制度的；

3. 拒绝对已确认的虚假新闻报道发表道歉、更正的；

4. 未尽到管理职责，致使本新闻机构从业人员违反有关法律规定，被新闻出版行政部门给予行政处罚的或者被司法机关追究刑事责任的。

第五条 本规定自发布之日起施行。

解读
《关于严防虚假新闻报道的若干规定》

新闻出版总署有关负责人

一、《关于严防虚假新闻报道的若干规定》出台的背景

近年来，新闻媒体的虚假新闻问题比较突出。据统计，从2010年以来，新闻出版总署直接查处的新闻违法违规案件中，虚假失实报道案件达到160件，占案件总量的22.9%。屡屡出现的虚假新闻不仅严重侵害新闻当事人的权益，而且严重损害了新闻媒体的公信力，有的甚至严重影响社会、经济秩序，损害国家形象。群众对此反应强烈，人大代表、政协委员多次以议案、提案形式要求，进一步规范新闻采编活动，制止虚假新闻。我们根据社会各界的要求和管理工作的需要，在广泛调研和征求意见基础上，制订了《关于严防虚假新闻报道的若干规定》，（以下简称《规定》），以完善法规政策，进一步加强虚假新闻的管理。

二、《规定》的主要内容

《规定》分别从“新闻记者采访的基本规范”、“新闻机构管理的基本职责”、“虚假报道的处理规则”和“法律责任追究的基本原则”等四个方面对防止虚假报道作出明确具体的规定。

其中，新闻记者采访的基本规范包括：新闻记者要持新闻出版总署核发的新闻记者证采访；要深入新闻现场调查研究，避免只采用新闻当事人中某一方的陈述或者单一的事实证据；严禁依据道听途说编写新闻或者虚构新闻细节，不得对新闻图片或者新闻视频的内容进行影响其真实性的修改；新闻记者开展批评性报道至少要有两个以上不同的新闻来源等。

对于新闻机构的责任，分别从采编流程管理、新闻来源的审核、转载审核管理和采编队伍准入管理等四方面提出规范要求，如新闻报道必须注明新闻消息来源、转载转播新闻报道必须事先核实、新闻机构必须规范用工制度等。

三、《规定》对刊发虚假新闻的报刊提出了具体要求

现实中，一些新闻媒体存在粗暴对待新闻虚假投诉的现象，这种做法非常不利于社会矛盾的化解。我们认为新闻媒体对刊播的新闻报道负有完全责任，为此，新闻机构必须建立健全受理公众举报、投

诉、核查、处置和反馈工作的程序机制。本次出台的《规定》明确要求媒体正确对待虚假失实报道问题，认真听取新闻当事人对新闻报道内容的意见，受理社会公众对新闻报道内容的投诉，实事求是核查新闻采编环节和采访证据，及时公布核查结果，妥善处理新闻报道引起的纠纷。

对于已经查实的虚假新闻，《规定》明确要求新闻机构建立更正制度。要求凡经调查核实认定报道存在虚假或者失实的，新闻机构应当在本媒体上及时发表更正，消除影响；致使公民、法人或者其他社会组织的合法权益受到侵害的，应当依法承担民事责任，赔偿损失。

四、《规定》对记者、相关负责人、媒体机构各自要承担责任有明确划分

本次出台的《规定》对记者、相关负责人和媒体机构都分别作出明确的责任追究，如对违规的新闻机构，要求媒体必须向社会公开更正、道歉。如果出现情节特别严重的虚假新闻，则明确规定可以责令新闻机构负责人引咎辞职，甚至对媒体作出停业整顿或者吊销新闻许可证的行政处罚。对严重违规的新闻记者，责任追究重点放在限制或者禁止其从业上，如对故意编造虚假新闻造成严重后果的，不仅要吊销其新闻记者证，而且还将其列入不良记录，5年内或者终身不得从事新闻工作。

本次出台的《规定》是新闻出版总署贯彻党的十七届六中全会精神，规范行业发展，服务人民群众的重要举措。下一步，我们将组织全国新闻媒体和各级新闻出版行政部门抓好贯彻落实工作，坚决遏制虚假新闻，努力创建健康有序的新闻采编秩序。

国家人口和计划生育委员会

关于印发《人口和计划生育行政执法监督规定（试行）》的通知

2011年11月11日　　人口政法〔2011〕94号

各省、自治区、直辖市人口计生委，计划单列市、新疆生产建设兵团人口计生委，委机关各单位：

《人口和计划生育行政执法监督规定（试行）》已经2011年11月8日国家人口计生委第65次委主任会议审议通过。现印发给你们，请认真组织实施。

附：

人口和计划生育行政执法监督规定（试行）

第一条　为规范和加强人口和计划生育行政执法监督，保证人口与计划生育法律法规的正确实施，保障公民、法人和其他组织的合法权益，根据《中华人民共和国人口与计划生育法》及有关行政法律法规，制定本规定。

第二条　本规定所称的人口和计划生育行政执法监督，是指上级人口和计划生育部门对下级人口和计划生育部门，人口和计划生育部门对乡（镇）人民政府、街道办事处人口和计划生育行政执法事项进行的检查、评议、督促、纠正活动。

第三条　各级人口和计划生育部门、乡（镇）人民政府、街道办事处及其工作人员人口和计划生育行政执法行为的监督适用本规定。

第四条 行政执法监督应当遵循依法、客观、公正和有错必纠的原则，将监督检查与改进工作、加强能力建设及创新管理体制机制相结合，促进人口和计划生育部门及其工作人员依法行政、文明执法。

第五条 各级人口和计划生育部门负责本行政区域内的人口和计划生育行政执法监督工作。

第六条 行政执法监督的内容是人口与计划生育法律、法规和规章的实施情况，主要包括：

（一）行政执法主体的合法性，执法人员具有行政执法资格和持证执法情况；

（二）规范性文件的合法性；

（三）计划生育证件办理、法定奖励落实、行政许可（审批）、社会抚养费征收、行政处罚等具体行政执法情况；

（四）人口和计划生育行政执法责任制、行政执法公示制度以及行政执法过错责任追究制度落实情况；

（五）违法行政案件调查处理情况；

（六）其他应当监督的事项。

第七条 行政执法监督的方式：

（一）组织执法检查、评议；

（二）行政复议；

（三）违法行政案件督办；

（四）行政执法信息汇总及案卷评查；

（五）其他监督方式。

第八条 实行规范性文件定期清理和抄报制度。规范性文件应当每隔两年进行一次清理。对不符合国家法律、法规和规章规定的规范性文件，要予以修改或者废止。清理后的规范性文件目录应当向社会公布。

人口和计划生育部门制定的规范性文件，在报送本级人民政府备案的同时，抄报上一级人口和计划生育部门。

上级人口和计划生育部门发现下级人口和计划生育部门制定的规范性文件与国家法律、法规和规章相抵触的，应当建议下级人口和计划生育部门予以纠正。

第九条 实行行政执法工作报告制度。省级人口和计划生育部门应当于每年1月31日前，向国家人口计生委报告上年度行政执法工作的总体情况、执法的难点与重点、相应的对策、取得的成效、需要改进的地方等。

建立行政执法信息系统，收集、汇总行政执法信息，对行政执法过程和结果进行监督。

第十条 实行行政执法案卷评查制度。人口和计划生育行政许可（审批）、社会抚养费征收、行政处罚、行政复议等行政执法活动中形成的调查笔录、证据材料、执法文书等，应当进行收集、整理、立卷、归档，并实行集中统一管理。

地方各级人口和计划生育部门应当定期组织行政执法案卷评查。

第十一条 实行行政执法检查制度。各级人口和计划生育部门应当定期或者不定期地开展人口和计划生育行政执法检查。国家人口计生委每年至少开展一次行政执法检查。

行政执法检查可以采取以下方式进行：

（一）听取工作汇报；

（二）查阅有关执法文书、案卷、统计报表、工作台账；

（三）召开群众座谈会、随机访谈、问卷调查，征求群众对行政执法工作的意见、建议和评价；

（四）需要采取的其他方式。

被检查的人口和计划生育部门及其工作人员应当配合行政执法检查工作。

行政执法检查结束后，实施检查的人口和计划生育部门应当形成书面检查报告，指出发现的问题，提出整改措施和解决建议。行政执法检查的结果要在一定范围内进行通报。

第十二条 实行行政执法评议考核制度。各级人口和计划生育部门应当遵循公平、公正、公开的原则开展行政执法评议考核。行政执法评议考核的标准、过程和结果应当以一定方式在一定范围内公开。

上级人口和计划生育部门对下级人口和计划生育部门的行政执法评议考核，应当纳入人口和计划生育目标管理责任制考核评估体系，并在考核中占有适当比重。

第十三条 实行行政执法投诉、举报制度。鼓励公民、法人或者其他组织对人口和计划生育行政执法中的不当行为进行投诉和举报。各级人口和计划生育部门对投诉、举报的行政执法问题应当及时调查处理或者转交有关人口和计划生育部门调查处理，并为投诉、举报人保密。

调查处理结果应当及时向投诉、举报人反馈。

第十四条 实行行政执法重大案件督办制度。上级人口和计划生育部门交办督办案件，应当采取书面督办的方式进行，并下达人口和计划生育行政执法案件督办通知书；交办督办案件，应当规定办理时限，提出工作要求。

承办单位应当按照要求时限书面报告办理情况及结果。

第十五条 行政执法监督人员应当熟悉人口与计划生育法律法规和行政执法业务，具有良好的职业道德。在执法监督工作中，应当以事实为依据，以法律为准绳，坚持原则，秉公办事，依法履行职责，严格遵守保密和廉洁自律的相关规定。

各级人口和计划生育部门根据工作需要，可以聘请人大代表、政协委员、新闻工作者和其他人员担任行政执法监督员，参与行政执法监督工作。

第十六条 上级人口和计划生育部门在行政执法监督工作中，发现下级人口和计划生育部门有不依法履行职责、执法不当或者执法错误的行为，应当要求其依法履行、纠正或者撤销具体行政执法行为。

第十七条 上级人口和计划生育部门在行政执法监督工作中，发现行政执法人员有侵犯公民人身权、财产权以及其他违法行为，应当建议任免机关或者监察机关依法给予行政处分。

第十八条 有违反本规定第九条、第十四条规定情形的，应当责令改正；逾期不改的，给予通报批评。

第十九条 发生违法行政重大案件的，按照国家人口计生委《人口和计划生育重大案件预防和责任追究规定（试行）》的有关规定处理。

第二十条 行政执法监督人员不依法履行行政执法监督职责，有失职、渎职或者以权谋私行为的，应当由任免机关或者监察机关依法给予行政处分。

第二十一条 本规定自2011年12月11日起施行。

附件：行政执法监督参考文书（略）

文物保护单位执法巡查办法

2011 年 12 月 1 日　　文物督发〔2011〕21 号

第一条　为了规范文物保护单位执法巡查工作，推动各地文物行政部门、文物执法机构依法履行文物行政执法监管职责，提高监管效率与能力，及时发现、制止并依法查处文物违法行为，根据《中华人民共和国文物保护法》、《中华人民共和国文物保护法实施条例》等法律、法规制定本办法。

第二条　本办法所称文物保护单位执法巡查工作，是指各级文物行政部门、文物执法机构，对本行政区域内各级文物保护单位进行的日常性检查工作。

第三条　文物保护单位执法巡查工作按照属地管理、分级负责的原则实施。各地可根据实际情况，参照本办法制定相应的实施细则，开展文物保护单位执法巡查工作。

第四条　国务院文物行政部门负责对全国重点文物保护单位进行抽查；对各地开展的文物保护单位执法巡查工作进行督察。

第五条　各省、自治区、直辖市文物行政部门、文物执法机构负责对本行政区域内省级以上（含省级）的文物保护单位进行巡查、抽查；对本行政区域内各设区市、县（市、区）文物行政部门、文物执法机构开展的文物保护单位执法巡查工作进行督察。

第六条　各设区市的文物行政部门、文物执法机构重点负责对本行政区域内市级以上（含市级）文物保护单位进行巡查，每年对每个市级以上（含市级）文物保护单位至少巡查一次；对本行政区域内县级文物保护单位进行抽查；对本行政区域内县（市、区）文物行政部门、文物执法机构开展的文物保护单位执法巡查工作进行督察。

第七条　各县（市、区）文物行政部门、文物执法机构负责对本行政区域内各级文物保护单位进行巡查，每年对本行政区域内每处文物保护单位至少巡查一次。

第八条 文物保护单位的管理使用单位（人）或者产权单位（人）应当配合各级文物行政部门、文物执法机构开展执法巡查，不得拒绝、阻碍。

文物保护单位的管理使用单位（人）或者产权单位（人）应当定期对文物保护单位的保护管理状况开展自查，对发现的问题及时整改，对发现的违法行为及时向所在地文物行政部门、文物执法机构报告。

第九条 上级文物行政部门、文物执法机构对文物保护单位执法巡查工作进行督察的内容包括：

（一）该行政区域内文物保护单位执法巡查工作的总体情况；

（二）对下级文物行政部门、执法机构开展的文物保护单位执法巡查工作进行抽查、督察的情况；

（三）在文物保护单位执法巡查和有关抽查、督察工作中发现的问题及整改意见的落实情况。

第十条 上级文物行政部门、文物执法机构对文物保护单位执法巡查工作进行督察，可采取以下方法：

（一）查看文物保护单位执法巡查、督察的工作计划；

（二）查看文物保护单位执法巡查工作相关文件和措施；

（三）查看文物保护单位执法巡查的电子与纸质档案；

（四）查看文物保护单位执法巡查工作抽查、督察的材料；

（五）实地检查。

第十一条 文物行政部门、文物执法机构开展文物保护单位执法巡查，应当重点检查以下内容：

（一）文物保护单位是否划定保护范围和建设控制地带，是否作出标志说明，是否建立记录档案，是否设置专门机构或者专人负责管理；

（二）文物保护单位内及其保护范围、建设控制地带内是否发生违法建设行为；

（三）是否发生擅自迁移、拆除文物保护单位或者擅自修缮文物保护单位，明显改变文物原状的违法行为；

（四）是否发生擅自在原址重建已全部毁坏的文物保护单位，造成文物破坏的违法行为；

（五）是否发生施工单位未取得文物保护工程资质证书，擅自从事文物修缮、迁移、重建的违法行为；

（六）是否发生擅自改变国有文物保护单位的用途、转让或者抵押国有文物保护单位或者将国有文物保护单位作为企业资产经营的违法行为；

（七）是否发生将非国有文物保护单位转让或者抵押给外国人的违法行为；

（八）是否发生考古发掘单位未经批准擅自在文物保护单位内进行考古发掘的违法行为；

（九）是否发生未经批准擅自在文物保护单位开展经营性活动的违法行为；

（十）其他涉及文物保护单位的违法违规行为。

第十二条 开展文物保护单位执法巡查工作时，巡查人员应当做好以下工作：

（一）如实记录被巡查文物保护单位的名称、类别、级别、地址、管理机构、使用或者所有权人、所有权属，以及巡查时间、巡查人员、发现的情况和采取的相应措施等；

（二）对被巡查文物保护单位的外观全景、主要组成部分和重要构件、标志说明、保护范围与建设控制地带状况及发现的违法行为现场等进行摄影、摄像；

（三）查阅被巡查文物保护单位的监测措施、维护保养记录、记录档案、依法开展有关工作的审批文件及其他书面材料，必要时应当复制存档。

第十三条 巡查、督察工作结束后，文物行政部门、文物执法机构应当及时以书面形式向被检查单位反馈意见。反馈意见应当明确指出存在的问题、违反的相关规定，并提出整改要求。

第十四条 各级文物行政部门、文物执法机构应当及时查处巡查、督察中发现的违法行为，对涉嫌构成犯罪的依法移交司法机关。

第十五条 文物保护单位执法巡查工作结束后，巡查人员要将基本工作情况、发现的问题、采取的措施和有关建议书面报告所属文物行政部门或者文物执法机构。

第十六条 文物行政部门、文物执法机构应当及时将巡查记录、文字和影像资料等整理归档，建立电子与纸质档案。

巡查档案示范文本，由国务院文物行政部门制定。

第十七条 本办法自发布之日起施行。

高等学校章程制定暂行办法

（2011年7月12日教育部第21次部长办公会议审议通过　2011年11月28日中华人民共和国教育部令第31号发布　自2012年1月1日起施行）

第一章　总　　则

第一条　为完善中国特色现代大学制度，指导和规范高等学校章程建设，促进高等学校依法治校、科学发展，依据教育法、高等教育法及其他有关规定，制定本办法。

第二条　国家举办的高等学校章程的起草、审议、修订以及核准、备案等，适用本办法。

第三条　章程是高等学校依法自主办学、实施管理和履行公共职能的基本准则。高等学校应当以章程为依据，制定内部管理制度及规范性文件、实施办学和管理活动、开展社会合作。

高等学校应当公开章程，接受举办者、教育主管部门、其他有关机关以及教师、学生、社会公众依据章程实施的监督、评估。

第四条　高等学校制定章程应当以中国特色社会主义理论体系为指导，以宪法、法律法规为依据，坚持社会主义办学方向，遵循高等教育规律，推进高等学校科学发展；应当促进改革创新，围绕人才培养、科学研究、服务社会、推进文化传承创新的任务，依法完善内部法人治理结构，体现和保护学校改革创新的成功经验与制度成果；应当着重完善学校自主管理、自我约束的体制、机制，反映学校的办学特色。

第五条　高等学校的举办者、主管教育行政部门应当按照政校分开、管办分离的原则，以章程明确界定与学校的关系，明确学校的办学方向与发展原则，落实举办者权利义务，保障学校的办学自主权。

第六条　章程用语应当准确、简洁、规范，条文内容应当明确、具体，具有可操作性。

章程根据内容需要，可以分编、章、节、条、款、项、目。

第二章　章程内容

第七条　章程应当按照高等教育法的规定，载明以下内容：

（一）学校的登记名称、简称、英文译名等，学校办学地点、住所地；

（二）学校的机构性质、发展定位，培养目标、办学方向；

（三）经审批机关核定的办学层次、规模；

（四）学校的主要学科门类，以及设置和调整的原则、程序；

（五）学校实施的全日制与非全日制、学历教育与非学历教育、远程教育、中外合作办学等不同教育形式的性质、目的、要求；

（六）学校的领导体制、法定代表人，组织结构、决策机制、民主管理和监督机制，内设机构的组成、职责、管理体制；

（七）学校经费的来源渠道、财产属性、使用原则和管理制度，接受捐赠的规则与办法；

（八）学校的举办者，举办者对学校进行管理或考核的方式、标准等，学校负责人的产生与任命机制，举办者的投入与保障义务；

（九）章程修改的启动、审议程序，以及章程解释权的归属；

（十）学校的分立、合并及终止事由，校徽、校歌等学校标志物、学校与相关社会组织关系等学校认为必要的事项，以及本办法规定的需要在章程中规定的重大事项。

第八条　章程应当按照高等教育法的规定，健全学校办学自主权的行使与监督机制，明确以下事项的基本规则、决策程序与监督机制：

（一）开展教学活动、科学研究、技术开发和社会服务；

（二）设置和调整学科、专业；

（三）制订招生方案，调节系科招生比例，确定选拔学生的条件、标准、办法和程序；

（四）制订学校规划并组织实施；

（五）设置教学、科研及行政职能部门；

（六）确定内部收入分配原则；

（七）招聘、管理和使用人才；

（八）学校财产和经费的使用与管理；

（九）其他学校可以自主决定的重大事项。

第九条 章程应当依照法律及其他有关规定，健全中国共产党高等学校基层委员会领导下的校长负责制的具体实施规则、实施意见，规范学校党委集体领导的议事规则、决策程序，明确支持校长独立负责地行使职权的制度规范。

章程应当明确校长作为学校法定代表人和主要行政负责人，全面负责教学、科学研究和其他管理工作的职权范围；规范校长办公会议或者校务会议的组成、职责、议事规则等内容。

第十条 章程应当根据学校实际与发展需要，科学设计学校的内部治理结构和组织框架，明确学校与内设机构，以及各管理层级、系统之间的职责权限，管理的程序与规则。

章程根据学校实际，可以按照有利于推进教授治学、民主管理，有利于调动基层组织积极性的原则，设置并规范学院（学部、系）、其他内设机构以及教学、科研基层组织的领导体制、管理制度。

第十一条 章程应当明确规定学校学术委员会、学位评定委员会以及其他学术组织的组成原则、负责人产生机制、运行规则与监督机制，保障学术组织在学校的学科建设、专业设置、学术评价、学术发展、教学科研计划方案制定、教师队伍建设等方面充分发挥咨询、审议、决策作用，维护学术活动的独立性。

章程应当明确学校学术评价和学位授予的基本规则和办法；明确尊重和保障教师、学生在教学、研究和学习方面依法享有的学术自由、探索自由，营造宽松的学术环境。

第十二条 章程应当明确规定教职工代表大会、学生代表大会的地位作用、职责权限、组成与负责人产生规则，以及议事程序等，维护师生员工通过教职工代表大会、学生代表大会参与学校相关事项的民主决策、实施监督的权利。

对学校根据发展需要自主设置的各类组织机构，如校务委员会、教授委员会、校友会等，章程中应明确其地位、宗旨以及基本的组织与议事规则。

第十三条 章程应当明确学校开展社会服务、获得社会支持、接受社会监督的原则与办法，健全社会支持和监督学校发展的长效机制。

学校根据发展需要和办学特色，自主设置有政府、行业、企事业单位以及其他社会组织代表参加的学校理事会或者董事会的，应当在章程中明确理事会或者董事会的地位作用、组成和议事规则。

第十四条　章程应当围绕提高质量的核心任务，明确学校保障和提高教育教学质量的原则与制度，规定学校对学科、专业、课程以及教学、科研的水平与质量进行评价、考核的基本规则，建立科学、规范的质量保障体系和评价机制。

第十五条　章程应当体现以人为本的办学理念，健全教师、学生权益的救济机制，突出对教师、学生权益、地位的确认与保护，明确其权利义务；明确学校受理教师、学生申诉的机构与程序。

第三章　章程制定程序

第十六条　高等学校应当按照民主、公开的原则，成立专门起草组织开展章程起草工作。

章程起草组织应当由学校党政领导、学术组织负责人、教师代表、学生代表、相关专家，以及学校举办者或者主管部门的代表组成，可以邀请社会相关方面的代表、社会知名人士、退休教职工代表、校友代表等参加。

第十七条　高等学校起草章程，应当深入研究、分析学校的特色与需求，总结实践经验，广泛听取政府有关部门、学校内部组织、师生员工的意见，充分反映学校举办者、管理者、办学者，以及教职员工、学生的要求与意愿，使章程起草成为学校凝聚共识、促进管理、增进和谐的过程。

第十八条　章程起草过程中，应当在校内公开听取意见；涉及到关系学校发展定位、办学方向、培养目标、管理体制，以及与教职工、学生切身利益相关的重大问题，应当采取多种方式，征求意见、充分论证。

第十九条　起草章程，涉及到与举办者权利关系的内容，高等学校应当与举办者、主管教育行政部门及其他相关部门充分沟通、协商。

第二十条　章程草案应提交教职工代表大会讨论。学校章程起草组织负责人，应当就章程起草情况与主要问题，向教职工代表大会做出说明。

第二十一条　章程草案征求意见结束后，起草组织应当将章程草案及其起草说明，以及征求意见的情况、主要问题的不同意见等，提交校长办公会议审议。

第二十二条　章程草案经校长办公会议讨论通过后，由学校党委会讨论审定。

章程草案经讨论审定后，应当形成章程核准稿和说明，由学校法定代表人签发，报核准机关。

第四章　章程核准与监督

第二十三条　地方政府举办的高等学校的章程由省级教育行政部门核准，其中本科以上高等学校的章程核准后，应当报教育部备案；教育部直属高等学校的章程由教育部核准；其他中央部门所属高校的章程，经主管部门同意，报教育部核准。

第二十四条　章程报送核准应当提交以下材料：

（一）核准申请书；

（二）章程核准稿；

（三）对章程制定程序和主要内容的说明。

第二十五条　核准机关应当指定专门机构依照本办法的要求，对章程核准稿的合法性、适当性、规范性以及制定程序，进行初步审查。审查通过的，提交核准机关组织的章程核准委员会评议。

章程核准委员会由核准机关、有关主管部门推荐代表，高校、社会代表以及相关领域的专家组成。

第二十六条　核准机关应当自收到核准申请2个月内完成初步审查。涉及对核准稿条款、文字进行修改的，核准机关应当及时与学校进行沟通，提出修改意见。

有下列情形之一的，核准机关可以提出时限，要求学校修改后，重新申请核准：

（一）违反法律、法规的；

（二）超越高等学校职权的；

（三）章程核准委员会未予通过或者提出重大修改意见的；

（四）违反本办法相关规定的；

（五）核准期间发现学校内部存在重大分歧的；

（六）有其他不宜核准情形的。

第二十七条　经核准机关核准的章程文本为正式文本。高等学校应当以学校名义发布章程的正式文本，并向本校和社会公开。

第二十八条　高等学校应当保持章程的稳定。

高等学校发生分立、合并、终止，或者名称、类别层次、办学宗旨、发展目标、举办与管理体制变化等重大事项的，可以依据章程规定的程序，对章程进行修订。

第二十九条　高等学校章程的修订案，应当依法报原核准机关核准。

章程修订案经核准后，高等学校应当重新发布章程。

第三十条 高等学校应当指定专门机构监督章程的执行情况，依据章程审查学校内部规章制度、规范性文件，受理对违反章程的管理行为、办学活动的举报和投诉。

第三十一条 高等学校的主管教育行政部门对章程中自主确定的不违反法律和国家政策强制性规定的办学形式、管理办法等，应当予以认可；对高等学校履行章程情况应当进行指导、监督；对高等学校不执行章程的情况或者违反章程规定自行实施的管理行为，应当责令限期改正。

第五章 附 则

第三十二条 新设立的高等学校，由学校举办者或者其委托的筹设机构，依法制定章程，并报审批机关批准；其中新设立的国家举办的高等学校，其章程应当具备本办法规定的内容；民办高等学校和中外合作举办的高等学校，依据相关法律法规制定章程，章程内容可参照本办法的规定。

第三十三条 本办法自2012年1月1日起施行。

国土资源部 中央农村工作领导小组办公室
财政部 农业部

关于农村集体土地确权登记发证的若干意见

（2011年11月10日）

各省、自治区、直辖市及副省级城市国土资源主管部门、农办（农工部、农委、农工委、农牧办）、财政厅（局）、农业（农牧、农村经济）厅（局、委、办），新疆生产建设兵团国土资源局、财务局、农业局，解放军土地管理局：

为切实落实《中共中央 国务院关于加大统筹城乡发展力度进一步夯实农业农村发展基础的若干意见》（中发〔2010〕1号），国土资源部、财政部、农业部联合下发了《关于加快推进农村集体土地确权登记发证工作的通知》（国土资发〔2011〕60 号），进一步规范和加快推进农村集体土地确权登记发证工作，现提出以下意见：

一、明确农村集体土地确权登记发证的范围

农村集体土地确权登记发证是对农村集体土地所有权和集体土地使用权等土地权利的确权登记发证。农村集体土地使用权包括宅基地使用权、集体建设用地使用权等。农村集体土地所有权确权登记发证要覆盖到全部农村范围内的集体土地，包括属于农民集体所有的建设用地、农用地和未利用地，不得遗漏。

二、依法依规开展农村集体土地确权登记发证工作

按照《中华人民共和国物权法》、《中华人民共和国土地管理法》、《土地登记办法》、《土地权属争议调查处理办法》、《确定土地所有权和使用权的若干规定》等有关法律政策文件以及地方性法规、规章的规定，本着尊重历史、注重现实、有利生产生活、促进社会和谐稳定的原则，在全国土地调查成果以及年度土地利用变更调查成果基础上，依法有序开展确权登记发证工作。

农村集体土地确权登记依据的文件资料包括：人民政府或者有关行政主管部门的批准文件、处理决定；县级以上人民政府国土资源行政主管部门的调解书；人民法院生效的判决、裁定或者调解书；当事人之间依法达成的协议；履行指界程序形成的地籍调查表、土地权属界线协议书等地籍调查成果；法律、法规等规定的其他文件等。

三、加快农村地籍调查工作

各地应以“权属合法、界址清楚、面积准确”为原则，依据《土地利用现状分类》（GB/T 21010－2007）、《集体土地所有权调查技术规定》、《城镇地籍调查规程》等相关技术规定和标准，充分利用全国土地调查等已有成果，以大比例尺地籍调查成果为基础，查清农村每一宗土地的权属、界址、面积和用途（地类）等，按照统一的宗地编码模式，形成完善的地籍调查成果，为农村集体土地确权登记发证提供依据。同时，要注意做好变更地籍调查及变更登记，保持地籍成果的现势性。

凡有条件的地区，农村集体土地所有权宗地地籍调查应采用解析法实测界址点坐标并计算宗地面积；条件不具备的地区，可以全国土地调查成果为基础，核实并确定权属界线，对界址走向进行详细描述，采用图上量算或数据库计算的方法计算宗地面积。农村集体土地所有权宗地图和地籍图比例尺不小于 1∶10000。牧区等特殊地区在报经省级国土资源主管部门同意后，地籍图比例尺可以放宽至1∶50000。

宅基地使用权、集体建设用地使用权宗地地籍调查，应采用解析法实测界址点坐标和计算宗地面积，宗地图和地籍图比例尺不小于1∶2000。使用勘丈法等其他方法已发证的宅基地、集体建设用地，在变更登记时，应采用解析法重新测量并计算宗地面积。

四、把农村集体土地所有权确认到每个具有所有权的农民集体

确定农村集体土地所有权主体遵循“主体平等”和“村民自治”的原则，按照乡（镇）、村和村民小组农民集体三类所有权主体，将农村集体土地所有权确认到每个具有所有权的农民集体。凡是村民小组（原生产队）土地权属界线存在的，土地应确认给村民小组农民集体所有，发证到村民小组农民集体；对于村民小组（原生产队）土地权属界线不存在、并得到绝大多数村民认可的，应本着尊重历史、承认现实的原则，对这部分土地承认现状，明确由村农民集体所有；属于乡（镇）农民集体所有的，土地所有权应依法确认给乡（镇）农民集体。

属于村民小组集体所有的土地应当由其集体经济组织或村民小组依法申请登记并持有土地权利证书。对于村民小组组织机构不健全的，可以由村民委员会代为申请登记、保管土地权利证书。

涉及依法“合村并组”的，“合村并组”后土地所有权主体保持不变的，所有权仍然确权给原农民集体；“合村并组”后土地所有权主体发生变化、并得到绝大多数村民认可的，履行集体土地所有权变更的法定程序后，按照变化后的主体确定集体土地所有权，并在土地登记簿和土地证书上备注各原农民集体的土地面积。

涉及依法开展城乡建设用地增减挂钩试点和农村土地整治的，原则上应维持原有土地权属不变；依法调整土地的，按照调整协议确定集体土地权利归属，并依法及时办理土地变更登记手续。

对于“撤村建居”后，未征收的原集体土地，只调查统计，不登记发证。调查统计时在新建单位名称后载明原农民集体名称。

在土地登记簿的“权利人”和土地证书的“土地所有权人”一栏，集体土地所有权主体按“xx组（村、乡）农民集体”填写。

五、依法明确农村集体土地所有权主体代表

属于村农民集体所有的，由村集体经济组织或者村民委员会受本农民集体成员的委托行使所有权；分别属于村内两个以上农民集体所有的，由村内各该集体经济组织或者村民小组代表集体行使所有权；属于乡镇农民集体所有的，由乡镇集体经济组织代表集体行使所有权；没有乡（镇）农民集体经济组织的，乡（镇）集体土地所有权由乡（镇）政府代管。在办理土地确权登记手续时，由农民集体所有权主体代表申请办理。

集体经济组织的具体要求和形式，可以由各省（区、市）根据本地有关规定和实际情况依法确定。

六、严格规范确认宅基地使用权主体

宅基地使用权应该按照当地省级人民政府规定的面积标准，依法确认给本农民集体成员。非本农民集体的农民，因地质灾害防治、新农村建设、移民安置等集中迁建，在符合当地规划的前提下，经本农民集体大多数成员同意并经有权机关批准异地建房的，可按规定确权登记发证。已拥有一处宅基地的本农民集体成员、非本农民集体成员的农村或城镇居民，因继承房屋占用农村宅基地的，可按规定登记发证，在《集体土地使用证》记事栏应注记“该权利人为本农民集体原成员住宅的合法继承人”。非农业户口居民（含华侨）原在农村合法取得的宅基地及房屋，房屋产权没有变化的，经该农民集体出具证明并公告无异议的，可依法办理土地登记，在《集体土地使用证》记事栏应注记“该权利人为非本农民集体成员”。

对于没有权属来源证明的宅基地，应当查明土地历史使用情况和现状，由村委会出具证明并公告30天无异议，经乡（镇）人民政府审核，报县级人民政府审定，属于合法使用的，确定宅基地使用权。

七、按照不同的历史阶段对超面积的宅基地进行确权登记发证

1982年《村镇建房用地管理条例》实施前，农村村民建房占用的宅基地，在《村镇建房用地管理条例》实施后至今未扩大用地面积的，可以按现有实际使用面积进行确权登记；1982年《村镇建房用地管理条例》实施起至1987年《土地管理法》实施时止，农村村民建房占用的宅基地，超过当地规定的面积标准的，超过部分按当时国家和地方有关规定处理后，可以按实际使用面积进行确权登记；1987年《土地管理法》实施后，农村村民建房占用的宅基地，超过当地规定的面积标准的，按照实际批准面积进行确权登记。其面积超过各地规定标准的，可在土地登记簿和土地权利证书记事栏内注明超过标准的面积，待以后分户建房或现有房屋拆迁、改建、翻建、政府依法实施规划重新建设时，按有关规定作出处理，并按照各地规定的面积标准重新进行确权登记。

八、认真做好集体建设用地的确权登记发证工作

村委会办公室、医疗教育卫生等公益事业和公共设施用地、乡镇企业用地及其他经依法批准用于非住宅建设的集体土地，应当依法进行确权登记发证，确认集体建设用地使用权。将集体土地使用权依法确认到每个权利主体。凡依法使用集体建设用地的单位或个人应申请确权登记。

对于没有权属来源证明的集体建设用地，应查明土地历史使用情况和现状，认定合法使用的，由村委会出具证明并公告30天无异议的，经乡（镇）人民政府审核，报县级人民政府审批，确权登记发证。

九、妥善处理农村违法宅基地和集体建设用地问题

违法宅基地和集体建设用地必须依法依规处理后方可登记。对于违法宅基地和集体建设用地，应当查明土地历史使用情况和现状，对符合土地利用总体规划与村镇规划以及有关用地政策的，依法补办用地批准手续后，进行登记发证。

十、严格规范农村集体土地确权登记发证行为

结合全国土地登记规范化检查工作，全面加强土地登记规范化建设。严格禁止搞虚假土地登记，严格禁止对违法用地未经依法处理就登记发证。对于借户籍管理制度改革或者擅自通过“村改居”等方式非经法定征收程序将农民集体所有土地转为国有土地、农村集体经济组织非法出让或出租集体土地用于非农业建设、城镇居民在农村购置宅基地、农民住宅或“小产权房”等违法用地，不得登记发证。对于不依法依规进行土地确权登记发证或登记不规范造成严重后果的，严肃追究有关人员责任。

十一、加强土地权属争议调处

各地要从机构建设、队伍建设、经费保障、规范程序等各方面，切实采取有力措施，建立健全土地权属争议调处机制，妥善处理农村集体土地权属争议。

十二、规范完善已有土地登记资料

严格按照有关法律、法规和政策规定，全面核查整理和完善已有土地登记资料。凡是已经登记发证的宗地缺失资料以及不规范的，尽快补正完善；对于发现登记错误的，及时予以更正。各地要做好农村集体土地登记资料的收集整理工作，保证登记资料的全面、完整和规范。各地要进一步建立健全有关制度和标准，统一规范管理土地登记资料。

十三、推进农村集体土地登记信息化

要参照《城镇地籍数据库标准》（TD/T 1015—2007）等技术标准，积极推进农村集体土地登记数据库建设，进一步完善地籍信息系统。在此基础上，稳步推进全国土地登记信息动态监管查询系统建设，提升土地监管能力和社会化服务水平，为参与宏观调控提供支撑，有效发挥土地登记成果资料服务经济社会发展的积极作用。

各省（区、市）可根据当地实际情况，细化制定农村集体土地确权登记的具体工作程序和政策。

国有林场管理办法

（2011年11月4日）

第一章　总　　则

第一条　为加强国有林场管理，维护国有林场合法权益，保障国有林场改革顺利进行，促进国有林场科学发展，根据《中华人民共和国森林法》和其他有关法律、法规，制定本办法。

第二条　在中华人民共和国境内进行国有林场的设立、变更、分立、合并、撤销以及国有林场的经营管理等活动，应当遵守本办法。

本办法所称国有林场，是指国家建立的专门从事植树造林、森林培育、保护和利用的具有独立法人资格的林业事业单位。

第三条　国务院林业主管部门负责全国国有林场的管理工作，具体工作由其国有林场管理机构负责。

县级以上地方人民政府林业主管部门按照行政隶属关系，负责所属国有林场管理工作，具体工作由其国有林场管理机构负责。

跨地（市）、县（市、区）的国有林场，由所跨地区共同上一级林业主管部门负责管理。

第四条　国有林场管理机构的主要职责是：

（一）拟定、贯彻实施国有林场相关法律、法规；

（二）协调编制国有林场发展规划；

（三）组织编制并会同资源管理部门审批国有林场森林经营方案和国有林场森林采伐、抚育作业设计；

（四）审核国有林场的设立、变更、分立、合并、和撤销等事项；

（五）受委托对国有林场森林资源资产进行监管；

（六）受委托对国有林场森林资源资产评估进行核准或备案；

（七）指导和检查考核国有林场生产经营活动；

（八）法律、法规规定的其他职责。

第五条 国有林场实行“营林为本、生态优先、合理利用、持续发展”的办场方针，主要任务是培育和保护森林资源，维护国家生态安全和木材安全；开展科学试验和技术创新，推广先进技术；保护林业生态文化资源，促进人与自然和谐发展。

第六条 国有林场经营范围内的国有森林资源属于国家所有，由国有林场依法经营管理。任何单位和个人不得随意收交、归并、侵占和平调，不得以任何形式侵占、破坏国有森林资源。

国有林场经营管理的集体林地、林木，应当明确权属关系，依法维护经营管理区的稳定和林权权利人的合法权益。

第七条 县级以上林业主管部门应当按照行政隶属关系，组织编制所属国有林场发展规划，明确国有林场的发展方向、主要任务和建设目标。各项林业建设资金应当重点向国有林场倾斜，支持国有林场发展。

第八条 国有林场基础设施建设应当纳入各级政府基本建设规划和相关行业发展规划。

第九条 鼓励国有林场通过多种方式扩大经营范围，壮大林场规模。

第十条 各级林业主管部门应当加强对国有林场干部职工的培训，提高国有林场干部职工综合素质。

第二章 设立、变更与撤销

第十一条 设立国有林场，应当经省级林业主管部门审核或审批，并由省级林业主管部门报国务院林业主管部门备案。

国有林场数量较多的地区，应当设立国有林场管理局或者总场，统一组织国有林场的生产经营。

第十二条 新设立的国有林场，应当林地权属清楚，四至界线分明，且具有合法有效的林地权属证明材料。

第十三条 国有林场经批准设立后，应当依法办理事业单位法人登记。

第十四条 国有林场的经营范围和隶属关系，应当保持稳定，不得擅自变更；确需分立、合并、撤销、变更经营范围或者改变隶属关系的，应当按原报批程序报原审批设立的机关审核、批准。

国有林场分立、合并、撤销、变更经营范围或者改变隶属关系的，应当进行资源评价和经济审计，依法清理债权债务，明确划分责任，保护好森林资源和其他国有资产。

第十五条 企业性质的营林单位或者由国有林场控股的股份制林场，符合本办法第十一条规定的，经省级以上林业主管部门批准，可纳入国有林场系列管理。

第三章 森林资源经营与保护

第十六条 国有林场应当依法保护和合理利用森林资源，维护国家生态安全和木材安全。有条件的林场可以采取承租集体林地造林经营的方式，扩大森林资源规模。承租集体林地应当签订书面的承租合同，明确承租双方的权利和义务，保护承租双方的合法权益。

第十七条 国有林场应当大力推广林业先进实用新技术，加快中幼龄林抚育步伐，大力发展珍贵用材树种，积极培育大径级林木，不断提高森林资源质量。

第十八条 国有林场应当按照国家规定开展森林资源调查，建立森林资源档案，健全森林资源动态监测体系，掌握森林资源发展变化情况。

第十九条 国有林场应当根据林业长远发展规划、林地保护利用规划和林业分类经营的总体要求，结合本场实际情况编制森林经营方案，报县级以上林业主管部门批准后实施。其中跨地（市）国有林场、省属国有林场和省级以上公益林占有林地面积百分之五十以上的国有林场森林经营方案，由省级以上林业主管部门审批。

调整森林经营方案应当报原批准机关审核批准。

国有林场应当建立并完善森林经营档案。

第二十条 国有林场进行林木采伐，应当严格执行国家森林采伐限额、林木采伐许可证制度和造林育林、采伐更新技术规程，并依法进行更新造林。作为单独采伐编制限额单位的国有林场，年度采伐限额由省级林业主管部门实行采伐许可指标单列。

第二十一条 严格控制建设项目占用国有林场林地。涉及占用国有林场林地的建设项目，省级以上林业主管部门国有林场管理机构应当参与项目立项的可行性评估工作。

第二十二条 在国有林场范围内设立森林公园、湿地公园、自然保护区、风景名胜区、地质公园等，应当经省级以上林业主管部门国有林场管理机构审核同意后，按规定程序报批。其中设立风景名胜区、地质公园等，不得改变国有林场的林地使用权归属，并应当明确收益分配方式。

第二十三条 国有林场应当加强森林资源保护，合理区划，设立护林站，健全护林组织，配备森林管护人员，明确管护职责，确保管护成效。

第二十四条 国有林场应当根据国家有关森林防火的规定，加强森林防火设施设备建设，成立护林防火组织，组建森林火灾专业扑救队伍，制定火灾应急预案，建立健全各项森林防火制度，抓好火源管理，组织火灾扑救。

第二十五条 国有林场应当根据林业有害生物防治的需要配备森防技术人员，加强林业有害生物防治基础建设，建立检疫、预测预报制度，加强林业有害生物防治工作。

第二十六条 国有林场根据工作需要可以配备执法人员，加强林政执法，保护森林资源资产。

第二十七条 国有林场应当保护其经营管理范围内的野生植物；对国家或者地方重点保护野生植物、古树名木等应当登记造册，建立档案，加强管理。

第二十八条 国有林场应当保护其经营管理范围内的野生动物；对国家或者地方重点保护的野生动物，应当采取相应的保护措施，维护其生息繁衍的环境。

第二十九条 森林公安机关根据工作需要，可以在国有林场设立公安派出机构，加强森林资源保护。

第四章 权利和义务

第三十条 国有林场依法享有以下经营管理权：

（一）依据林业长远发展规划和森林经营方案制定年度各项生产、经营计划，确定建设项目和生产规模；

（二）按照市场需求依法经营销售本场生产的木材、林产品和其它产品；

（三）依法保护和合理开发利用国有林场经营范围内的各种资源；

（四）依法对其经营范围内的森林公园、湿地公园、自然保护区、风景名胜区、地质公园等进行统一管理；

（五）按照国家有关规定和本场工作需要决定本场的机构设置、人员调配、干部任免、劳动用工和工资奖金分配；

（六）法律、法规规定的其他权利。

第三十一条　在国有林场内从事生产经营和其他活动的单位和个人，应当服从国有林场的统一管理，遵守国有林场的有关规定，不得损毁国有林场的林木及设施、设备。

第三十二条　任何单位和个人不得向国有林场摊派和乱集资、乱收费。对于非法向国有林场集资、收费、摊派的，国有林场有权拒绝，并可以依法向有关机关申诉。

第三十三条　国有林场与其他单位和个人发生林地、林木权属争议的，争议双方应当协商解决。协商不成的，由县级以上人民政府依法处理。国有林场应当将争议情况及时报省级林业主管部门。

第三十四条　国有林场应当加强国有森林资源保护和管理，保证国有森林资源稳定增长。

第三十五条　国有林场不得以其经营的国有森林资源资产为其他单位和个人提供任何形式的担保。

第三十六条　国有林场应当建立健全各项内部规章制度，严格独立经济核算。

第三十七条　国有林场应当严格遵守国家财务、税收、劳动工资等方面的规定，接受财政、税务、审计等机关的监督。

第三十八条　国有林场应当落实职工社会保障有关政策，按照有关规定参加各项社会保险。

第五章　组织机构

第三十九条　国有林场实行场长负责制。

国有林场场长的产生，采取聘任、委任或职工代表大会选举的办法。具体产生方式由其主管部门确定。国有林场场长产生后，应当报省级林业主管部门备案。

第四十条　场长负责管理国有林场的生产、经营等工作，行使下列职权：

（一）组织实施本场的经营方针、长远规划和年度计划；

（二）提请或者决定本场管理机构的设置、调整；

（三）依法提请行政主管部门任免或者聘任、解聘本场管理人员；

（四）依法聘任或者解聘应由行政主管部门聘任或者解聘以外的林场工作人员，并按照有关规定报行政主管部门备案；

（五）组织制定工资调整、资金使用、财务预决算等方案和重要规章制度。提请职工代表大会审议决定有关职工福利等重大事项。

（六）决定本场岗位责任制、承包责任制方案。

（七）其它需要由场长行使的职权。

第四十一条 国有林场实行以聘用制度和岗位管理制度为主要内容的事业单位人事管理制度，实行以岗位绩效工资为基础的收入分配制度。国有林场应当结合所承担的主要任务，科学设置岗位，明确岗位职责和条件，按有关人事政策公开招聘人员，实行竞聘上岗、择优聘用、以岗定酬、合同管理。

第四十二条 国有林场应当建立和完善职工代表大会制度或者职工大会制度，实行民主管理。职工代表大会是国有林场实行民主管理的基本形式，是职工行使民主管理权利的机构。国有林场改革方案、工资调整方案、住房分配方案等事关职工利益的重大事项，应当经职工代表大会审议通过。

第四十三条 国有林场应当依法建立工会组织，开展工会活动，维护职工的合法权益。

第四十四条 国有林场应当根据实际情况，设立相应的财务、人力资源、森林资源管理、护林防火等部门及管辖区内的管护站（点）、瞭望台，并配备相应的人员。

第四十五条 国有林场开办的企业，应当按照市场机制运作，组建独立法人实体经营，林场履行出资人职责，享有所有者权益。

第六章 附 则

第四十六条 各省级林业主管部门可以制定本地区国有林场管理办法，并报国务院林业主管部门备案。

第四十七条 本办法由国务院林业主管部门负责解释。

第四十八条 本办法自公布之日起实施。

司法解释、司法解释性文件与解读

最高人民法院

印发《关于审理证券行政处罚案件证据若干问题的座谈会纪要》的通知

2011 年 7 月 13 日　　法〔2011〕225 号

各省、自治区、直辖市高级人民法院，新疆维吾尔自治区高级人民法院生产建设兵团分院：

现将《关于审理证券行政处罚案件证据若干问题的座谈会纪要》印发给你们，请结合审判工作实际参照执行。执行中遇到问题，请及时报告我院。

附：

最高人民法院

关于审理证券行政处罚案件证据若干问题的座谈会纪要

为进一步完善证券行政处罚案件的证据规则，推动证券监管机构依法行政，保护广大投资者合法权益，促进资本市场健康发展，最高人民法院对证券行政处罚案件证据运用中存在的突出问题进行了专题调研，在充分听取有关法院和部门意见并反复论证的基础上，根据《中华人民共和国行政诉讼法》、《中华人民共和国行政处罚法》和《中华人民共和国证券法》

等法律规定，起草了证券行政处罚案件中有关证据问题的意见。2011 年 6 月 23 日，最高人民法院会同有关部门在北京召开专题座谈会，对证券行政处罚案件中有关证据审查认定等问题形成共识。现将有关内容纪要如下：

一、关于证券行政处罚案件的举证问题

会议认为，监管机构根据行政诉讼法第三十二条、《最高人民法院关于行政诉讼证据若干问题的规定》第一条的规定，对作出的被诉行政处罚决定承担举证责任。人民法院在审理证券行政处罚案件时，也应当考虑到部分类型的证券违法行为的特殊性，由监管机构承担主要违法事实的证明责任，通过推定的方式适当向原告、第三人转移部分特定事实的证明责任。

监管机构在听证程序中书面明确告知行政相对人享有提供排除其涉嫌违法行为证据的权利，行政相对人能够提供但无正当理由拒不提供，后又在诉讼中提供的，人民法院一般不予采纳。行政处罚相对人在行政程序中未提供但有正当理由，在诉讼中依照《最高人民法院关于行政诉讼证据若干问题的规定》提供的证据，人民法院应当采纳。

监管机构除依法向人民法院提供据以作出被诉行政处罚决定的证据和依据外，还应当提交原告、第三人在行政程序中提供的证据材料。

二、关于电子数据证据

会议认为，证券交易和信息传递电子化、网络化、无线化等特点决定电子交易信息、网络 IP 地址、通讯记录、电子邮件等电子数据证据在证券行政案件中至关重要。但由于电子数据证据具有载体多样，复制简单、容易被删改和伪造等特点，对电子数据证据的证据形式要求和审核认定应较其他证据方法更为严格。根据行政诉讼法第三十一条第一款第（三）项的规定，《最高人民法院关于行政诉讼证据若干问题的规定》第十二条、第六十四条的规定，当事人可以向人民法院提供电子数据证据证明待证事实，相关电子数据证据应当符合下列要求：

（一）无法提取电子数据原始载体或者提取确有困难的，可以提供电子数据复制件，但必须附有不能或者难以提取原始载体的原因、复制过程以及原始载体存放地点或者电子数据网络地址的说明，并由复制件制作人和原始电子数据持有人签名或者盖章，或者以公证等其他有效形式证明电子数据与原始载体的一致性和完整性。

（二）收集电子数据应当依法制作笔录，详细记载取证的参与人员、技术方法、步骤和过程，记录收集对象的事项名称、内容、规格、类别以

及时间、地点等，或者将收集电子数据的过程拍照或录像。

（三）收集的电子数据应当使用光盘或者其他数字存储介质备份。监管机构为取证人时，应当妥善保存至少一份封存状态的电子数据备份件，并随案移送，以备法庭质证和认证使用。

（四）提供通过技术手段恢复或者破解的与案件有关的光盘或者其他数字存储介质、电子设备中被删除的数据、隐藏或者加密的电子数据，必须附有恢复或破解对象、过程、方法和结果的专业说明。对方当事人对该专业说明持异议，并且有证据表明上述方式获取的电子数据存在篡改、剪裁、删除和添加等不真实情况的，可以向人民法院申请鉴定，人民法院应予准许。

三、关于专业意见

会议认为，对被诉行政处罚决定涉及的专门性问题，当事人可以向人民法院提供其聘请的专业机构、特定行业专家出具的统计分析意见和规则解释意见；人民法院认为有必要的，也可以聘请相关专业机构、专家出具意见。

专业意见应当在法庭上出示，并经庭审质证。当事人可以申请人民法院通知出具相关意见的专业人员出庭说明，人民法院也可以通知专业人员出庭说明。专业意见之间相互矛盾的，人民法院可以组织专业人员进行对质。

人民法院应当根据案件的具体情况，从以下方面审核认定上述专业意见：（一）专业机构或者专家是否与本案有利害关系；（二）专业机构或者专家是否具有合法资质；（三）专业机构或者专家所得出的意见是否超出指定的范围，形式是否规范，内容是否完整，结论是否明确；（四）行政程序中形成的专业意见是否告知对方当事人，并听取对方当事人的质辩意见。

四、关于上市公司信息披露违法责任人的证明问题

会议认为，根据证券法第六十八条规定，上市公司董事、监事、高级管理人员对上市公司信息披露的真实性、准确性和完整性应当承担较其他人员更严格的法定保证责任。人民法院在审理证券法第一百九十三条违反信息披露义务行政处罚案件时，涉及到对直接负责的主管人员和其他直接责任人员处罚的，应当区分证券法第六十八条规定的人员和该范围之外其他人员的不同责任标准与证明方式。

监管机构根据证券法第六十八条、第一百九十三条规定，结合上市公司董事、监事、高级管理人员与信息披露违法行为之间履行职责的关联程度，认定其为直接负责的主管人员或者其他直接责任人员并给予处罚，被处罚人不服提起诉讼的，应当提供其对该信息披露行为已尽忠实、勤勉义务等证据。

对上市公司董事、监事、高级管理人员之外的人员，监管机构认定其为上市公司信息披露违法行为直接负责的主管人员或者其他直接责任人员并给予处罚的，应当证明被处罚人具有下列情形之一：（一）实际履行董事、监事和高级管理人员的职责，并与信息披露违法行为存在直接关联；（二）组织、参与、实施信息披露违法行为或直接导致信息披露违法。

五、关于内幕交易行为的认定问题

会议认为，监管机构提供的证据能够证明以下情形之一，且被处罚人不能作出合理说明或者提供证据排除其存在利用内幕信息从事相关证券交易活动的，人民法院可以确认被诉处罚决定认定的内幕交易行为成立：（一）证券法第七十四条规定的证券交易内幕信息知情人，进行了与该内幕信息有关的证券交易活动；（二）证券法第七十四条规定的内幕信息知情人的配偶、父母、子女以及其他有密切关系的人，其证券交易活动与该内幕信息基本吻合；（三）因履行工作职责知悉上述内幕信息并进行了与该信息有关的证券交易活动；（四）非法获取内幕信息，并进行了与该内幕信息有关的证券交易活动；（五）内幕信息公开前与内幕信息知情人或知晓该内幕信息的人联络、接触，其证券交易活动与内幕信息高度吻合。

解读

《关于审理证券行政处罚案件证据若干问题的座谈会纪要》

赵大光* 杨临萍** 蔡小雪*** 李 涛****

为进一步加强对证券市场的监管，创新证券市场管理方式，维护和促进证券市场健康发展，针对证券行政执法和证券行政诉讼中证据问题的特殊性，同时考虑到稳定证券市场和规范证券执法的重大意义，最高人民法院对证券行政处罚案件证据运用中存在的突出问题进行了专题调研，并征询有关部门意见。经过充分调研和征询各方意见，制定了《关于审理证券行政处罚案件证据若干问题的座谈会纪要》（以下简称《纪要》），解决当前证券行政案件中比较突出的证据问题，明确此类案件的特殊证据规则。

一、《纪要》的指导思想

《纪要》遵循了以下指导思想：

第一，处理好支持监管机构加大证券违法违规行为打击力度与防止权力滥用、保护行政处罚相对人合法权益的关系。《纪要》的立足点是支持和促进监管机关加大证券违法违规行为打击力度，为证券市场创造公开、公平和公正的良好环境，但同时也兼顾保护证券行政处罚相对人的合法权益，坚持维护、促进依法行政和监督、防止权力滥用目的并重。这既是行政诉讼双重宗旨的必然要求，也是法治国家公民权利的应有内容。意见起草过程中，起草组始终坚持此项原则。例如，案卷外证据排除规则方面，在对原告举证权利规范的同时，坚持“三个特定”原则，防止监管部门权力滥用。

第二，处理好行政诉讼证据一般性与证券行政处罚案件证据特殊

* 最高人民法院行政审判庭庭长。
** 原最高人民法院行政审判庭副庭长，现为最高人民法院赔偿办主任。
*** 最高人民法院行政审判庭审判长。
**** 最高人民法院行政审判庭法官。

性的关系。证券市场的特殊性决定了证券违法违规行为的特殊性，因此，证券行政处罚案件在证据表现形式和事实认定方法等方面与一般行政案件存在较大差异。但同时必须考虑到，《行政诉讼法》和《最高人民法院关于行政诉讼证据若干问题的规定》关于证据规则的规定是行政诉讼证据规则的一般和原则规定，证券行政处罚案件证据规则的特别规定必须是在坚持行政诉讼证据规则一般性前提下的特殊性。例如，举证责任方面，意见首先坚持被告对案件基本事实承担举证责任这一基本前提，这是与行政诉讼中被告负举证责任原则完全一致的，在此基础上，考虑到部分证券行政处罚案件，如内幕交易行为的认定存在特殊性，通过推定的方式适当向原告转移部分举证责任，从而降低被告举证难度，提高打击效率和力度。

第三，处理好现行行政诉讼制度稳定性和证券行政处罚案件实践创新性的关系。随着行政审判实践和行政诉讼理论的发展，1989 年的《行政诉讼法》和2002 年的《最高人民法院关于行政诉讼证据若干问题的规定》在一定程度上已经不能满足实践发展的需要，但是在法律和司法解释修改之前，必须维持相关法律制度的稳定性。证券行政处罚案件的特殊性，需要不断创新才能满足实践的发展。在制度稳定性和实践创新性之间，利用好现有的规则解释体系，在不改变现有制度规定的前提下，通过解释现有规则实现创新，是《意见》起草过程坚持的基本原则和方法。

二、关于证券行政处罚案件的举证问题

《纪要》第一条规定了监管机构的举证责任和举证内容，行政相对人的举证权利和必要限制。其的目的之一就是明确监管机构在部分证券行政处罚案件中对案件主要事实承担举证责任后，采用推定的方式适当向行政相对人转移部分违法构成要件的举证责任，因此，第一条只是概括规定监管机构对案件主要事实承担举证责任，对需要采取推定并转移举证责任的案件类型在相应条文中作具体规定。同时考虑说明的集中和便利性，将举证责任的承担和转移，以及相关的证明标准问题在本条一并作出说明。

1. 关于举证责任的问题

证券行政案件证据规则的重点和难点是举证责任的分配问题。在《纪要》起草过程中，存在两种主要观点，一种观点认为，在举证责任的分配上必须考虑证明的难易程度、举证人与证据的远近距离、证明能力的强弱差别等因素。只有充分考虑这些因素，才能减少弱势一方当事人承担败诉或不利的法律后

果的风险，避免造成实际上的诉讼地位的失衡状态，保障司法的公正性。在一般行政案件中，行政机关在行政管理活动中所实施的具体行政行为，具有国家强制力的保障和国家财政上的支持，具有很强的收集、保存证据的能力。原告在行政管理中处在被管理的弱势地位，对于行政机关作出的具体行政行为的全面情况不了解，同时因经济、管理制度上的种种障碍，难于全面收集证据，缺乏保存证据的能力。正是由于被告在取证方面具有优越的条件，让被告对被诉具体行政行为的合法性承担举证责任有利于搞清案件的事实，保障原告的合法权益。但是，考虑到证券违法行为高度隐密、手段多变、调查取证难等特殊性，应当采取不同于一般行政诉讼被告负举证责任的规则，采取举证责任倒置，监管机构在掌握违法嫌疑人初步违法证据后，可以要求违法嫌疑人即行政相对人提供证明自己没有违反相关证券法规的证据，如果违法嫌疑人不能提供相应证据加以证明，则应当承担相应的法律责任。

另一种观点认为，证券违法行为的确存在不同于一般违法行为的特殊之处，不能完全适用一般行政案件中被告对全部违法事实承担举证责任的规则，但也不能简单采用举证责任倒置的方法。在遵循“谁主张、谁举证”即被告监管机构承担举证责任的基本原则下，可以根据具体违法行为构成要件的不同，在监管机构和违法嫌疑人之间分配不同行为要件的举证责任，形成类型化的举证责任分配规则。

《纪要》原则上认可第二种举证责任分配的观点，在确定举证责任分配规则时，既考虑到证券违法行为的特殊性，不宜采取由监管机构承担全部违法事实举证责任的分配方式，在坚持被告负举证责任的基本原则下，将部分事实的举证责任进行适当分配和转移；同时考虑到证券违法行为的多样性，不同类型违法行为的举证责任在监管机构和行政相对人之间的分配不宜采取同一模式，而是采取类型化的举证责任分配方式。因此，《纪要》关于举证责任的规定，采取概括和列举相结合的方式，即一般性的规定被告监管机构承担主要事实的举证责任，在认定具体违法行为的规定中，通过推定的方式适当向原告、第三人分配和转移部分事实的举证责任。

2. 关于证明标准的问题

由于行政案件存在多样性的问题，因此行政诉讼的证明标准亦呈现出多样性的特点。目前，学术界和司法实务界一般将行政案件的证明标准分为三种类型：一是优势证明标准。所谓优势证明标准，就是事实发生的盖然性比其不发生的盖然性更大。从理论上讲，运用优势证明标准而作出的裁判只是一种相对正确的结论，而当事人承担了法官作出错误判断的风险。在民事诉讼案件中，一般都采取优势证明标准。它主要适用于行政裁决案件和对行政相对人权益影响较小的行政案件；二是排除合理怀疑的标准。排除合理怀疑的证明标准一般用于刑事诉讼案件，也就是说，承担证明责任的公诉人要使法官相信其所认定的犯罪事实排除了所有的合理怀疑。显然排除合理怀疑的证明标准比优势证明标准、清楚而有说服力证明标准更加严格。它主要适用于有关限制人身自由的行政处罚案件和对公共利益影响较大的案件。也有一些学者提出，它还应当适用对行政相对人权益影响较大的行政案件；三是明显优势的标准，又称清楚并具有说服力的证明标准。行政诉讼当事人的权利义务的不对等程度介于民事诉讼与刑事诉讼两者之间，因此，在行政诉讼中一般应当采用介于其间的证明标准，即明显优势的证明标准。也就是说，在行政诉讼中，只有在特定的条件下才采取优势或者排除合理怀疑的标准。

由于证券行政处罚案件较多的是给予被处罚人较重的行政处罚，因此，有学者提出，此类行政处罚案件一般应当适用排除合理怀疑的证明标准，充分保障被处罚人的合法权益。在《纪要》论证中，多数专家认为应当采取明显优势的证明标准更为适宜。具体理由有二：

其一，尽管证券行政处罚案件一般给予被处罚人的行政处罚很重，如果仅从保护被处罚人的合法权益角度来看，适用排除合理怀疑的证明标准是对其最为有利的，同时，也能促进证券管理机关在作出行政处罚时，更加重视对证据的收集，认定案件事实更为接近客观真实。但是，他们并没有考虑到证券违法行为查处的困难性，证券违法行为通常是在虚拟的网络中进行的，很多电子证据一是很容易灭失，一旦错过时机就很难取得；二是由于是在网络虚拟环境中进行的，很难找到有关传统的直接证据，多数是间接的电子证据，是通过间接证据的分析将它们连成锁链作出的判断。如果一味追求认定案件事实接近客观真实，提高到排除合理怀疑的证明标准，就有可能放纵违法行为，不利于证券市场的健康发展，不利于保障广大投资者的合法权益。

其二，法院在审理证券行为处罚案件时，应当采取何种证明标准，还需要从利益衡量的角度进行考量。目前我国证券市场已经从原来的初创阶段，步入了较为成熟的阶段，为了保证证券市场的健康发展，就必须对证券市场中的违法行为进行严厉打击。如果将此类案件的证明标准界定在排除合理怀疑的标准上，容易造成对证券市场中违法行为的放纵，不利于维护证券市场的健康发展。如果采取明显优势的标准，尽管不能保证认定的案件事实百分之百的正确，但从概率上讲错误率亦是较低的，即使证券管理机关所作出的行政处罚决定错误并已经执行的，还可以通过国家赔偿的形式予以救济。它不像限制人身自由和公共利益的行政案件存在难以补救的问题。行政审判的价值取向应当是维护证券市场的健康发展和保障广大投资者的合法权益。

在《纪要》起草过程中，有人认为，证据理论界虽然将证明标准分为排除合理怀疑、明显优势证据和优势证据三种标准，但由于证券执法和行政审判中没有统一明确的证明标准，造成执法稽查、处罚部门和法院认定事实时口径不一，分歧较多。执法部门受到“取铁证、办铁案”的政策影响，从高从严掌握证明标准，造成大量案件因“疑案从无”不能认定，严重影响了对违法违规行为的查处力度和效率。希望能够将“明显优势”确立为证券行政案件的统一证明标准。

也有有人认为，明确证券行政案件适用“明显优势”证明标准，对查处证券违法行为的实际意义并不大。证明标准虽然可以提供一个衡量案件违法事实是否获得证明的原则尺度，但这个尺度是抽象的，模糊的，可操作性不强。且无论标准如何规定，每个案件违法事实是否获得证明，还要根据各类案件违法事实构成要件的举证责任的分配情况具体判断。所以，制定类型化的证券行政案件认定要求更为重要。

《纪要》最终虽然没有明确将“明显优势”作为证券行政案件的证明标准，但是对内幕交易行为和上市公司信息披露违法责任人的认定采取了“举证责任合理分配＋推定”的方式，较大程度地降低了监管机构的证明难度，监管机构承担的不是证明违法行为全部事实构成要件的举证责任，而是在完成对特定部分违法行为构成要件的证明责任后，通过推定的方式认定违法行为的存在，但如果违法嫌疑人提供的证据能够推翻推定事实的，就不能认定推定事实。这种证明方式实际上是要求法院通过比较双方当事人提供证据的证明力，根据证明力具有明显优势的一方当事人提供的证据认定案件事实，属于明显优势证明标准。

3. 关于案卷外证据排除规则的适用问题

《纪要》第一条第二款是针对

原告、第三人提供的行政案卷外证据的排除规则。这条规定基于《最高人民法院关于行政诉讼证据若干问题的规定》（以下简称《证据规定》）第五十九条“被告在行政程序中依照法定程序要求原告提供证据，原告依法应当提供而拒不提供，在诉讼程序中提供的证据，人民法院一般不予采纳”的规定，同时为推动证监会处罚委听证程序的规范化，在第五十九条基础上作了进一步规定。首先，对原告或第三人的行政案卷外证据排除规则，必须符合“三个特定”。一是程序特定，将行政程序限定在听证程序，没有举行听证的，不适用案卷外证据排除规则，听证程序的依据是《中国证券监督管理委员会行政处罚听证规则》；二是形式特定，听证程序中必须以书面形式明确告知被处罚人享有提供证据的权利，非书面形式告知且无法证明违法嫌疑人已经知悉相关权利内容的，不适用案卷外证据排除规则；三是内容特定，告知内容必须明确，必须明确告知监管机构认定的违法事实和相关证据，违法嫌疑人对此享有提出排除涉嫌违法行为证据的权利。其次，将“依法应当提供”改为“能够提供”，考虑到行政处罚相对人提供排除其涉嫌违法行为的证据是听证程序必须赋予被处罚人的权利而不是义务，因此，不宜规定“依法应当提供”，而是采取了客观上能够提供而主观上拒不提供的标准。最后，增加了有正当理由未在听证程序中提供证据的情况下，在诉讼中提供的有关证据不适用案卷外证据排除规则的规定。

《纪要》之所以作出上述规定，主要目的是推动证监会处罚程序的规范化。证监会处罚委也表示以此为根据进一步完善处罚听证程序。同时，也可以促使行政相对人尽可能在听证程序中全面、充分行使权利，便于行政机关全面收集证据，准确作出处理决定，防止行政相对人在诉讼中滥用诉讼权利，搞证据突袭，保障执法和司法资源高效利用。

此外，为了防止监管机构滥用权力，充分保障被监管人的合法权益，《纪要》第一条第一款中明确规定，监管机构要向法院提交原告、第三人在行政程序中提供的证据材料。

三、关于电子数据证据的问题

证券市场已经高度信息化，电子、数码设备广泛应用，证券交易和信息传递网络化、无线化、电子化和数码化等特点决定了电子交易信息、数据电文、网页、网络 IP 地址、通讯信息、电子邮件等电子证据在证券行政案件中至关重要。目前，电子证据已经占到证券行政案件定案证据数量的绝大部分。虽然对电子证据的证据能力和证明力问题，理论界和实务界一直争议较大，但《证据规定》第十二条、第六十四条已经明确了电子证据在行政诉讼中的证据地位，《纪要》是在总结证券行政处罚案件中电子证据特征的基础上对提供电子证据要求的进一步细化。由于电子证据具有载体多样，复制简单、容易被删改和变造等特点，对电子证据的证据形式要求和审核认定应较其他证据方法更为严格。《纪要》中对有关电子证据规定了四项内容：第二条第（一）项规定，无法提取电子数据原始载体或者提取确有困难的，可以提供电子数据复制件，但必须附有不能或者难以提取原始载体的原因、复制过程以及原始载体存放地点或者电子数据网络地址的说明，并由复制件制作人和原始电子数据持有人签名或者盖章，或者以公证等其他有效形式证明电子数据与原始载体的一致性和完整性。第二条第（二）项规定，收集电子数据应当依法制作笔录，详细记载取证的参与人员、技术方法、步骤和过程，记录收集对象的事项名称、内容、规格、类别以及时间、地点等，或者将收集电子数据的过程拍照或录像。通过严格和明确收集电子证据的程序，确保电子证据取得的合法性和内容的真实性；第二条第（三）项规定，收集的电子数据应当使用光盘或者其他数字存储介质备份。监管机构为取证人时，应当妥善保存至少一份封存状态的电子数据备份件，并随案移送，以备法庭质证和认证使用。第二条第（四）项规定，提供通过技术手段恢复或者破解的与案件有关的光盘或者其他数字存储介质、电子设备中被删除的数据、隐藏或者加密的电子数据，必须附有恢复或破解对象、过程、方法和结果的专业说明。对方当事人对该专业说明持异议，并且有证据表明上述方式获取的电子数据存在篡改、剪裁、删除和添加等不真实情况的，可以向人民法院申请鉴定，人民法院应予准许。

四、关于专业意见的问题

证券市场的高度专业化和信息化特征，决定证券违法违规行为的复杂性和隐蔽性，因此，借助证券行业权威专业机构和特定行业专家就专门性问题出具的意见认定待证事实非常必要。《纪要》以专业意见的形式在行政诉讼中确定了专家辅助人证言的证据地位，专业机构或行业专家对被诉处罚决定涉及的专门性问题作出的意见，经过质证和审核认定后，可以作为定案依据。

《纪要》对专业意见问题作出了以下规定，第一，当事人双方均可聘请专业机构或行业专家出具专业意见，人民法院也可以根据需要在诉讼程序中聘请专业机构或行业专家出具意见。第二，专业意见主要包括统计分析意见和规则解释意见。统计分析意见主要是通过对证券交易相关数据、信息进行统计、分析和比较，从而捕捉和发现的违法行为的某些特点，并据此认定违法事实成立与否以及违法行为情节的轻重。由于证券交易记录、上市公司信息披露的记录等都在证券交易所保存，因此上述统计分析意见通常由证券交易所提供。规则解释结论是指对不是由国务院或者证监会制定的，位阶层次较低，但对当事人依法履行信息披露义务或者其他法律责任具有约束力的文件，由负责制定的单位或者有权机构对规则进行解释，以判断当事人的行为是否违法违规的意见。通常包括对交易所的上市规则、交易规则、登记结算公司的登记结算规则、注册会计师协会制定的会计准则、执业规范等作出的解释意见，对证券行政处罚案件的认定事实、法律适用等具有直接的参考意义。第三，经人民法院准许，出具专业意见的人员应当出庭就专门性问题所作的意见作出说明或者接受询问。第四，要求从专业机构或行业专家的独立性、合法性，相关专业意见的针对性、完整性、规范性和明确性，以及行政程序中当事人对专业意见的质辩权利等方面对证据效力进行审核认定。

五、关于上市公司信息披露违法责任人的证明问题

本条主要解决上市公司作为信息披露义务人违反信息披露义务被处罚后，如何追究对该违法行为直接负责的主管人员和其他直接责任人员责任的问题。《证券法》第一百九十三条规定的违反信息披露义务违法责任包括两类主体的责任认定，一是单位责任即发行人、上市公司或其他信息披露义务人的违法责任；二是个人责任即信息披露义务人中直接负责的主管人员或其他直接责任人员的违法责任。《纪要》主要是明确后者即直接负责的主管人员和其他直接负责人员被处罚时的责任证明问题，同时考虑到非上市公司信息披露责任认定的归责原则比较复杂，《纪要》仅对上市公司信息披露违法行为的直接负责的主管人员或其他直接责任人员作出规定。

根据《证券法》第六十八条规定，可以将上市公司信息披露违法行为的个人责任认定分为法定保证义务人员的责任认定和非法定保证义务人员的责任认定。《证券法》第六十八条规定的对上市公司披露信息的真实、准确、完整负保证责任的董事、监事和高级管理人员属于法定保证义务人员。法定义务人员承担的信息披露义务是法律明确规定的保证义务，一旦上市公司违反信息披露义务，即可认定法定义务人员违反法定保证义务，进而推定其为信息披露违法行为的个人责任人员，但违反第六十八条规定的法定保证义务与第一百九十三条规定的直接负责还是存在一定区别的，这种区别在证明规则中表现为，监管机构认定构成直接负责的人员，还应当根据该人员与涉案披露信息的履责关联度（法定或者公司内部职责分工以及履行该职责的程度）作出判断和认定，不能仅根据第六十八条规定的法定保证义务直接认定法定保证义务人员为责任人。同时，法定保证义务人在诉讼中有义务提供证据证明在自己的责任范围内尽到了忠实、勤勉义务，才能推翻监管机构的认定。

对于不属于《证券法》第六十八条规定的法定保证义务人员以外的责任人员，监管机构需要证明其实际履行法定责任人员的职责且与信息披露违法行为存在直接关联，或组织、参与、实施信息披露违法行为或直接导致信息披露违法的，方可认定其属于直接负责者。同时，非法定保证义务人员在诉讼中可以提供相反证据。相反证据成立的，可以推翻监管机构的认定。

在对法定保证义务人员和非法定保证义务人员推翻监管机构推定的证明程度上，对法定责任人员采取的是一般过错规则，对非法定责任人员采取的是重大过错规则。这主要考虑到公司的董事、监事、高管基于第六十八条的保证义务以及公司高管对公司的忠诚、勤勉等义务对上市公司信息披露理应承担更重、更直接的责任，因此应当采用较为严格的规则。公司的董事、监事、高管之外的人即非法定保证义务人员，对公司信息披露没有第六十八条规定的法定保证义务，所负责任应当仅限于具体职责和实际工作范围之内的事项，只有其对该范围内信息披露违法存在故意或者重大过失的情况下，才承担相应法律责任。

六、关于内幕交易行为的认定问题

内幕交易是指证券交易内幕信息的知情人和非法获取内幕信息的人，在内幕信息公开前，利用内幕信息买卖相关证券。内幕交易行政案件在证据认定上主要问题是证明行政相对人知悉及利用内幕信息很困难。因此，《纪要》对内幕交易违法行为中“知悉”和“利用”内幕信息的认定采取了举证责任分配+推定的证据规则。推定情形是打击内幕交易的客观要求和行政执法效率的需要。如果当事人提出的相反证据能够排除其交易活动是利用内幕信息从事交易的，不认定为内幕交易。

1. 内幕信息知情人和知悉人

我国《证券法》明确了知情人的法定范围（第七十四条规定），证券交易内幕信息的知情人包括：(1) 发行人的董事、监事、高级管理人员；(2) 持有公司百分之五以上股份的股东及其董事、监事、高级管理人员，公司的实际控制人及其董事、监事、高级管理人员；(3) 发行人控股的公司及其董事、监事、高级管理人员；(4) 由于所任公司职务可以获取公司有关内幕信息的人员；(5) 证券监督管理机构工作人员以及由于法定职责对证券的发行、交易进行管理的其他人员；(6) 保荐人、承销的证券公司、证券交易所、证券登记结算机构、证券服务机构的有关人员；(7) 国务院证券监督管理机构规定的其他人。证监会2007年印发的《证券市场内幕交易行为认定指引（试行）》对此范围做了扩大解释，内幕信息的知情人还包括“因履行工作职责获取内幕信息的人”，也包括这些自然人的配偶、父母、子女等。《纪要》除上述范围外，还规定了与内幕信息知情人有密切关系的人，在内幕信息公开前与内幕信息知情人或非法获取内幕信息的人联络、接触的人，可以推定为内幕信息知悉人。

2. 第五条的基本内容

本条实质上包括两个层次的推定：第一个层次是基于身份、关系、职责、交易行为等对当事人知悉的推定；第二个层次是基于交易行为及知悉的情况对其“利用”内幕信息的推定。具体而言，第五条第一项，是基于法定的知情人身份推定其知悉内幕信息，根据其交易行为推定其“利用”了内幕信息；第二项是基于特定身份关系及交易行为推定其知悉内幕信息，根据其知悉及交易行为推定其“利用”了内幕信息；第三项，是基于其履职行为及交易行为推定其知悉，根据其知悉及交易行为推定其“利用”内幕信息；第四项，是基于其非法获取行为及交易行为推定其知悉，根据其知悉及交易行为推定其“利用”内幕信息；第五项，基于联络接触行为及交易行为推定其知悉，根据其知悉及交易行为推定其“利用”内幕信息。

本条款根据内幕交易的主体不同，亦即交易主体对内幕信息的知悉程度、知悉途径不同，对其主观方面“知悉、利用”的推定作出不同程度的规定。用行为人客观交易行为与内幕信息等客观证据之间相互一致性，来印证、推定行为人主观上存在利用内幕信息进行内幕交易的故意。凸显了推定的层次性与严谨性。客观交易行为与内幕信息的相互一致性是指条文中所叙述的，“交易活动与内幕信息有关、基本吻合、高度吻合”。执法实践中通常有如下一些情况，可以根据具体的案情判断为交易活动与内幕信息有关、基本吻合、高度吻合：开户、销户或者指定交易、撤销指定交易的时间与该内幕信息形成和公开时间基本一致的；交易账户资金进出、资金变化等活动与该内幕信息形成、变化、公开时间基本一致的；买入或者卖出内幕信息所涉及的相关证券品种的时间与内幕信息的形成、变化、公开时间基本一致的；买卖证券的行为明显与平时交易习惯相背离，但与内幕信息却有很强的相关性；买入或者卖出证券行为，或者集中持有证券行为与该证券公司信息反映的基本面明显背离，但与内幕信息相吻合；账户交易资金进出与该内幕信息知情人有关联或者利害关系等。

为了维护当事人的利益，通过规定“合理解释”条款，将能够做出合理解释的被处罚人排除在内幕交易认定之外，从而在监管机构承担基本的证明责任的基础之上，实现举证责任的适当分配与转移。从可操作性的角度看，内幕交易抗辩条款在境外成熟市场被广泛应用，英国1993年刑事审判法关于内幕交易抗辩条款有专章规定；香港地区《证券期货条例》也有专章规定。我们可以借鉴成熟资本市场国家和地区的做法，给创新市场交易机制的创设预留制度空间，以减少当事人从事合法证券交易活动的风险，进而维护当事人的抗辩权，防止司法近于严苛、打击面不当扩大的问题。

地方性法规、地方政府规章与解读

湖南省高速公路条例

（2011 年 5 月 27 日湖南省第十一届人民代表大会常务委员会第二十二次会议通过　2011 年 5 月 27 日湖南省第十一届人民代表大会常务委员会公告第 52 号公布　自 2011 年 10 月 1 日起施行）

第一章　总　　则

第一条　为加强高速公路建设和管理，保障高速公路的建设质量、高效运营和安全畅通，根据《中华人民共和国公路法》和其他有关法律、行政法规，结合本省实际，制定本条例。

第二条　在本省行政区域内从事高速公路的规划、建设、养护、使用、经营和管理，适用本条例。

第三条　省人民政府交通运输主管部门主管全省高速公路工作，其所属的高速公路管理机构负责相关具体工作。

省人民政府公安、国土资源、财政、税务、价格、审计等主管部门和其他有关部门以及高速公路沿线各级人民政府依照各自职责，做好高速公路的相关工作。

第四条 任何单位和个人都有爱护高速公路及高速公路附属设施的义务，不得破坏、损坏或者非法占用高速公路、高速公路用地及高速公路附属设施，不得在高速公路上非法设卡、收费、罚款和拦截、检查车辆。

第五条 高速公路管理机构、公安机关高速公路交通管理机构和高速公路沿线所在地县级以上人民政府应当制定高速公路突发事件应急预案。高速公路经营管理者应当根据相关的应急预案，组建应急队伍，并定期组织应急演练。

第二章 规划与建设

第六条 高速公路规划与建设应当遵守相关法律法规，节约用地，保护耕地、文物古迹和生态环境。

第七条 本省高速公路规划应当根据国家高速公路网规划以及本省国民经济和社会发展的需要科学编制，符合土地利用总体规划和城乡规划，并与其他方式的交通运输发展规划相协调。

本省高速公路规划由省人民政府交通运输主管部门会同有关部门并商高速公路沿线设区的市、自治州人民政府编制，经省人民政府批准后报国务院交通运输主管部门备案，并向社会公布。高速公路规划的修改，应当按照编制程序报批。

第八条 编制高速公路建设计划、确定高速公路建设项目应当以高速公路规划为依据。

第九条 高速公路建设应当遵循基本建设程序，执行国家规定的工程设计、施工和监理规范以及技术标准，保证合理设计施工周期，确保工程质量。本省高速公路初步设计应当经省人民政府交通运输主管部门审查批准后实施。

高速公路建设项目应当按照国家有关规定实行招标投标制度、项目法人负责制度、工程监理制度。

第十条 高速公路建设可以采取政府投资、社会投资等方式筹集资金。

鼓励、引导国内外经济组织按照特许经营的方式，依法投资建设高速公路。投资者的合法权益受法律保护。

高速公路特许经营项目应当依法采取招标投标方式选定投资经营者；需要转让高速公路特许经营权的，应当经省人民政府批准。

第十一条 高速公路服务区应当按照国家有关标准统筹规划、合理布局和建设。

高速公路服务区应当建设下列基本设施：

（一）短暂休息区、停车场、饮用水供应点、厕所等公共设施；

（二）加油、购物、住宿、饮食、汽车维修等设施；

（三）绿化、水土保持、夜间照明、给排水、污水处理、备用电源等设施。

第十二条 高速公路通信、监控、收费系统和超限运输检测、交通量观测、路政管理、交通安全管理等设施应当与高速公路建设项目同步设计、同步建设、同步验收使用。

本条例实施前已通车的高速公路未建设前款规定的系统和设施的，由高速公路经营管理者负责补建。

高速公路通过居民聚居区的，应当按照国家相关规定设置隔音设施。

第十三条 高速公路沿线县级以上人民政府及其有关主管部门应当按照各自职责，依法做好高速公路建设征地补偿安置和协调工作。

高速公路征地补偿安置费用支付标准和方式依照法律法规和省人民政府的规定执行。任何部门和单位不得截留、挪用征地补偿安置费用。

第十四条 高速公路建设需要临时用地的，应当依照土地管理法律法规的规定进行审批；能够利用其他土地的，不得占用耕地；临时用地期限届满，应当恢复原状。

第十五条 高速公路建设应当避免损坏其他公路和设施；确实无法避免的，高速公路建设单位应当按照不低于该公路和设施原有的技术标准予以修复，或者给予相应的经济补偿。

第十六条 省人民政府交通运输主管部门及其高速公路管理机构应当加强对高速公路项目建设工程质量的监督检查，督促高速公路建设单位及时采取措施处理建设过程中的工程质量问题。

第十七条 高速公路建设项目未按照国家有关规定进行交工验收或者交工验收不合格的，不得交付使用。

高速公路项目竣工验收后，高速公路建设单位应当依照档案管理法律法规和国务院交通运输主管部门的规定，向档案馆和高速公路管理机构移交建设项目档案资料。

第三章 养 护

第十八条 高速公路的养护由高速公路经营管理者组织实施。高速公路经营管理者应当按照国务院交通运输主管部门规定的技术规范和操作规程编制高速公路中长期养护计划和年度养护计划，报省人民政府交通运输主管部门备案。

高速公路经营管理者应当科学调度、统筹安排，确定合理的施工时间和工期，减少对车辆运行的影响，保证高速公路及其附属设施处于良好的技术状态。

第十九条 从事高速公路养护的单位应当具有相应的资质。

高速公路养护单位进行养护时，应当遵守下列规定：

（一）按照国家规定合理设置施工区域，在养护施工现场设置施工标志及安全防护设施；

（二）公路养护作业需要占用半幅公路进行作业、作业路段长度超过两公里且作业期限超过三十日的，应当通过媒体和沿线可变信息板等设施予以公告；

（三）配合公安机关高速公路交通管理机构采取限速通行、变更车道等交通安全管理措施；

（四）及时清理并按照有关规定处理养护废弃物；

（五）作业人员穿着统一的安全标志服，作业车辆喷涂明显的标志图案，作业时开启示警灯；

（六）法律法规对高速公路养护的其他规定。

第二十条 高速公路养护作业时，过往车辆应当按照设置的导向标志减速行驶，注意避让作业车辆、设备和人员。

第二十一条 因突发事件致使高速公路损坏的，高速公路经营管理者应当及时修复；损坏严重难以及时修复的，应当向省高速公路管理机构和省公安机关高速公路交通管理机构以及所在地县级以上人民政府报告，并及时向社会公告。

第四章 经营与服务

第二十二条 省高速公路管理机构应当制定全省高速公路经营与服务的整体规划和管理规范，加强对高速公路经营与服务活动的监督管理。

第二十三条 高速公路经营管理者应当健全制度，加强管理，提高公共服务和运营管理水平，保障服务设施完好，公开服务项目、收费标准、监督电话等事项，接受社会监督。

第二十四条 高速公路收费期限由省人民政府按照国家相关规定审查批准。高速公路收费标准应当经省人民政府交通运输主管部门会同同级价格等主管部门审核后，报省人民政府审查批准；报批前应当进行听证。

高速公路经营管理者应当按照省人民政府批准的收费标准和收费期限收费，并在收费站显著位置公布收费站名称、审批机关、收费标准、收费单位、收费起止年限等内容。

高速公路通行费稽查由高速公路管理机构负责。

第二十五条 收费站收费车道的设置应当与车辆流量相适应。

收费站应当根据车辆流量等实际情况开启足够的收费车道或者采取其他措施，保证收费车道畅通。

因未开启足够收费车道导致高速公路堵塞的，驾驶人可以向高速公路管理机构投诉；高速公路管理机构应当及时督促收费站开启收费车道，并追究有关人员的责任。

第二十六条 高速公路应当实行联网收费，统一结算和管理。

省高速公路管理机构应当定期向高速公路经营管理者公布收费结算信息。高速公路经营管理者有权查询本单位的收费结算信息。

第二十七条 高速公路经营管理者应当依法收费，出具经省人民政府财政或者税务主管部门统一印（监）制的有效收费票据，不得有下列行为：

（一）擅自扩大车辆通行费收费范围或者提高收费标准；

（二）在车辆通行费外加收或者代收其他费用；

（三）擅自减免车辆通行费。

第二十八条 机动车通过高速公路收费站时，驾驶员应当主动交纳车辆通行费；符合国家和省人民政府规定的减免条件的，驾驶员应当主动出示相关证件，交付查验。

禁止车辆强行通过或者故意堵塞收费车道。

第二十九条 高速公路服务区经营者应当守法经营，诚实守信，文明服务，公开服务内容、标准、价格，不得欺诈他人，不得强制他人接受有偿服务。

第三十条 高速公路服务区机动车维修经营者应当按照国家有关技术规范对机动车进行维修，保证维修质量，并在实施维修前向车主明示维修收费标准。

第三十一条 高速公路管理机构和高速公路服务区所在地县级以上人民政府价格、工商、环境保护、卫生等主管部门应当加强对高速公路服务区经营活动的监督检查。

第三十二条 对高速公路通信管网、广告资源应当实行统筹规划、合理开发利用，具体办法由省人民政府另行制定。

第三十三条 转让国家高速公路网项目收费权的，应当依照法定程序报国务院交通运输主管部门批准。转让国家高速公路网以外项目收费权的，应当经省人民政府交通运输主管部门审核同意后，报省人民政府批准，并报国务院交通运输主管部门备案。

受让方在依法取得高速公路项目收费权后，应当按照国家规定的标准和规范要求，做好高速公路养护工作，保证高速公路处于良好的技术状态。

第三十四条 高速公路经营管理者应当在特许经营期限届满之日，将所经营的高速公路及其附属设施无偿移交给省人民政府交通运输主管部门；省人民政府交通运输主管部门应当按照国家规定做好相关移交验收工作，并确定养护和管理单位。

第五章 路政管理与交通安全管理

第三十五条 高速公路经营管理者应当按照有关规定组织交通流量、运输量和路况质量调查统计，如实向省高速公路管理机构报送统计数据。

第三十六条 高速公路沿线县级以上人民政府应当根据保障高速公路运行安全和节约用地的原则以及高速公路规划，组织交通运输、国土资源等主管部门划定高速公路建筑控制区的范围。

高速公路建筑控制区的范围从高速公路用地外缘起向外的距离标准不少于三十米。

在高速公路建筑控制区域内，除公路养护、防护需要以外，不得新建、扩建建筑物或者构筑物。

第三十七条 在高速公路、高速公路用地范围以及建筑控制区从事下列活动，应当报省高速公路管理机构批准；影响交通安全的，还应当报省公安机关高速公路交通管理机构同意；涉及经营性高速公路的，应当征求高速公路经营管理者的意见：

（一）占用、挖掘高速公路；

（二）跨越、穿越高速公路修建桥梁、渡槽或者架设、埋设管线等设施；

（三）在高速公路建筑控制区或者用地范围内架设、埋设管线等设施；

（四）超限运输车和其他可能损害高速公路路面的机具在高速公路上行驶；

（五）设置非公路标志及非交通工程设施；

（六）在高速公路上增设、改建平面交接道口；

（七）更新砍伐公路用地范围内的护路树木；

（八）法律法规规定的其他事项。

第三十八条 禁止下列损坏、污染高速公路，危及高速公路安全，影响高速公路畅通的行为：

（一）在高速公路路面、高速公路用地范围内设点洗车、焚烧、堆放物品、倾倒垃圾、设置障碍、挖沟引水，在高速公路路面及边沟排放废水；

（二）在高速公路大中型桥梁周围二百米、隧道上方和洞口外一百米范围内，以及在高速公路两侧一百米范围内挖砂、采石（矿）、倾倒废弃物；

（三）在高速公路桥孔、涵洞内堆放易燃易爆物品，进行明火作业，搭建设施；

（四）进行危及高速公路安全的爆破作业；

（五）损坏或者擅自移动、涂改高速公路附属设施；

（六）向车外抛撒物品；

（七）车辆洒漏物品或者其装载物触地拖曳；

（八）运输危险物品车辆驶入禁止通行区域；

（九）法律法规禁止的其他行为。

第三十九条 行人、非机动车、拖拉机、轮式专用机械车、铰接式客车、全挂拖斗车以及其他设计最高时速低于七十公里的机动车，不得进入高速公路。

禁止在高速公路上上下乘客、装卸货物。

第四十条 车辆在高速公路上正常行驶时，最高时速小型客车不得高于一百二十公里，大型客车、货运汽车不得高于一百公里；最低时速不得低于六十公里，但遇有限速交通标志或者路面限速标记时，不得超过或者低于标志、标记标明的速度行驶；限速标志、标记和测速监控设施应当按照国家有关规定合理设置。

第四十一条 高速公路隧道应当具有排水、通风、照明、监控、报警、消防、救助等设施，高速公路经营管理者应当保持设施处于完好状态。

第四十二条 载运易燃、易爆、剧毒、放射性等危险物品的车辆，应当避免通过特长高速公路隧道和桥梁；确需通过的，负责审批的机关应当通知有关单位进行监管。

第四十三条 超高、超宽、超长等超限车辆不得在高速公路上行驶；车辆载运超限的不可解体物品确需在高速公路上行驶的，运输单位或者个人应当向公安机关高速公路交通管理机构和高速公路管理机构申请公路超限运输许可后方可上路。

高速公路经营管理者应当在高速公路入口处设置车辆限载、限高、限宽、限长标志和禁行车辆的标志。高速公路经营管理者发现超限车辆的，应当予以劝阻；劝阻不成的，应当及时向高速公路管理机构或者公安机关高速公路交通管理机构报告。

第四十四条 高速公路沿车辆行驶方向最右侧车道与护栏之间部分为应急通道。

除执行指挥疏导交通、抢险救援等紧急任务的警车、消防车、救援车以及其他从事高速公路管理、养护活动的车辆和设备外，其他车辆不得在应急通道内行驶，不得在非紧急情况下停车。

第四十五条 机动车在高速公路发生交通事故的，驾驶人应当及时报警；公安机关高速公路交通管理机构接到报警后，应当立即采取措施，组织抢救受伤人员，尽快恢复交通，并及时通知高速公路管理机构进行路损理赔处理。

第四十六条 高速公路管理机构和公安机关高速公路交通管理机构应当加强高速公路日常巡查，发现危及高速公路安全、影响高速公路畅通情形的，及时采取措施，确保畅通和安全。

第四十七条 高速公路上行驶车辆的装载物掉落、遗洒或者飘散的，车辆驾驶人应当及时采取措施处理；无法处理的，应当在来车方向适当距离外设置警示标志，并及时向高速公路管理机构或者公安机关高速公路交通管理机构报告；高速公路经营管理者应当及时进行清理。

高速公路车辆救援服务按照国家有关规定执行。

第四十八条 因严重自然灾害、恶劣天气或者重特大交通事故等特殊情形影响车辆正常通行时，高速公路管理机构和公安机关高速公路交通管理机构应当及时通报路况信息，采取措施，疏导车辆；采取措施仍难以保证交通安全确需关闭高速公路的，公安机关高速公路交通管理机构应当及时通报高速公路管理机构，并向社会公告。影响车辆正常通行的情况消除后，公安机关高速公路交通管理机构应当及时开通高速公路，并向社会公告。

过往车辆在特长高速公路隧道内发生重大事故的，隧道管理者应当及时向公安机关高速公路交通管理机构报告；需要封闭隧道的，及时封闭隧道，并相应采取临时处置措施，利用高速公路沿线可变信息板等设施将信息告知过往车辆驾驶人。

第六章　法律责任

第四十九条　违反本条例第九条第一款规定，高速公路建设未执行国家规定的工程设计、施工、监理规范以及技术标准，影响工程质量的，由交通运输主管部门依照《建设工程质量管理条例》予以处罚。

第五十条　违反本条例第十七条第一款规定，高速公路建设项目未进行交工验收或者交工验收不合格，擅自交付使用的，由交通运输主管部门责令改正，处工程合同价款百分之二以上百分之四以下罚款。

第五十一条　违反本条例第十八条规定，高速公路经营管理者未按照国务院交通运输主管部门规定的技术规范和操作规程进行养护的，由省高速公路管理机构责令限期改正；拒不改正的，由省高速公路管理机构指定其他具有相应资质的单位进行养护，养护费用由原高速公路经营管理者承担。

第五十二条　违反本条例第二十八条规定，拒交、逃交车辆通行费的，高速公路经营管理者有权要求其补交应当交纳的车辆通行费；对为拒交、逃交车辆通行费而故意堵塞收费道口妨碍车辆正常通行的，高速公路管理机构可以将车辆强制停放至指定地点依法进行处理；对强行冲卡、破坏收费设施或者从事其他扰乱高速公路经营管理秩序活动，违反《中华人民共和国治安管理处罚法》的，由公安机关依法予以处罚。

第五十三条　违反本条例第三十条规定，高速公路服务区机动车维修经营者使用假冒伪劣配件维修机动车的，由道路运输管理机构责令改正，没收违法所得，处违法所得二倍以上十倍以下罚款；没有违法所得或者违法所得不足一万元的，处二万元以上五万元以下罚款。

第五十四条　违反本条例第三十九条第二款规定，在高速公路上上下乘客或者装卸货物的，由公安机关高速公路交通管理机构责令改正，处五百元以上二千元以下罚款。

第五十五条 违反本条例第四十四条第二款规定，机动车占用高速公路应急通道行驶或者在非紧急情况下停车的，由公安机关高速公路交通管理机构责令改正，处二百元罚款；造成高速公路堵塞，阻碍执行紧急任务的车辆通行的，处二百元以上五百元以下罚款。

第五十六条 违反本条例规定，有关行政主管部门及其工作人员滥用职权、玩忽职守、徇私舞弊的，依法给予处分；触犯刑法构成犯罪的，依法追究刑事责任。

第五十七条 违反本条例规定，造成高速公路或者他人损害的，应当依法承担赔偿责任。

第七章 附 则

第五十八条 本条例中下列用语的含义：

（一）高速公路附属设施是指为保护、养护高速公路和保障高速公路畅通所设置的公路防护、排水、养护、绿化、管理、通讯、收费、监控、服务等设施、设备，以及专用建筑物和构筑物等；

（二）高速公路经营管理者是指合法取得收费公路权益的经济组织，包括不以营利为目的管理政府还贷公路的法人组织；

（三）高速公路用地是指高速公路（含匝道）两侧边缘以外已经依法征收的土地。

第五十九条 本条例自2011年10月1日起施行。

解读
《湖南省高速公路条例》

冯伟林*

一、《湖南省高速公路条例》出台对高速公路发展的重要意义

《湖南省高速公路条例》（以下简称《条例》）是一部专门规范湖南省高速公路规划、建设、养护、收费、路政、服务、经营的地方性法规。它的出台，为高速公路管理者提供了强有力的法律保障，对规范高速公路管理行为，强化政府行业监管职能，维护经营管理者和使用者的合法权益具有重要现实意义。《条例》从法制上解决了湖南省高速公路发展的深层次矛盾和问题，使湖南省高速公路管理法律框架基本形成，标志着湖南省高速公路法治化迈上了新台阶，为“十二五”全省高速公路新一轮发展提供了坚实的法律保障。

二、《条例出台的背景

1.《条例》的出台，是持续发挥和有效保障高速公路在经济社会发展中“加速器”和“助推器”作用的需要

高速公路是关系国计民生的重要基础设施。对湖南省而言，高速公路不仅是促进全省经济社会发展的排头兵和先锋队，更是推动“四化两型”战略、实现富民强省目标的有力支撑。要从根本上保障高速公路对经济社会的持续拉动作用，规范其“加速器”、“助推器”作用的发挥，就必须从立法层面加以规定，以高速公路发展的法治化、规范化，保障高速公路对经济社会拉动效益的最优化、最大化。

2.《条例》的出台，是适应高速公路迅猛发展形势的需要

众所周知，“十一五”湖南高速公路取得了令人瞩目的成就，特别是2008年来，全省高速公路发展呈现出速度快、投资多、规模大的特点，截至“十一五”末，全省已建成通车高速公路2386公里；在建里程4064公里，在全国排名第一；在建和通车总里程达6450公里，从2007年全国排名第17位

* 湖南省高速公路管理局局长。

一跃至全国前三。湖南省高速公路已由初级建设阶段转入大规模的建设与运营管理阶段，呈现出投资主体、经济成分、管理形式的多元化，并不可避免地带来了一些新情况、新问题。要从根本上解决这些问题，就必须通过地方立法对现有法律、法规进行充实、细化和创新，从根本上解决高速公路在发展中遇到的新问题、新情况，真正保障高速公路经营管理者和使用者的正当权益。

3.《条例》的出台，是高速公路法制环境变化的需要

湖南省早在1994年就颁布了《湖南省高等级公路管理条例》（以下简称原《条例》），但随着《公路法》、《湖南省实施〈公路法〉办法》等一系列公路法律法规相继出台，尤其是《公路安全保护条例》的颁布实施，相关行业立法和行政法律体系不断完善，同时全国十多个省份均制定了有关高速公路的地方性法规，湖北、江西、江苏等省份则相继修改了高速公路管理条例，原《条例》已远远不能适应高速公路形势发展需要，出台《条例》，及时与上位法衔接势在必行。

三、《条例》出台的主要过程

《条例》立法历时三年，先后通过了立项、起草、调研、审查、审议、颁布实施等程序。2008年，《条例》以《湖南省高速公路管理条例》列入省政府的调研论证项目；2009年正式列入立法计划，为加快立法进程，省政府法制办提前介入，在经过省内外调研，听取专家建议，召开立法听证会广泛征求公众意见后，于7月形成《条例》送审稿，并正式更名为《湖南省高速公路条例》；2010年2月省政府法制办办公会审议通过了《条例》，7月省政府常务会议原则上通过《条例》，9月《条例》草案正式上报省人大常委会审议，11月通过省人大常委会第一次审议；2011年3月，通过省人大常委会第二次审议；

5月，通过省人大常委会第三次审议，正式颁布。

三年多的时间里，省人大、省政府有关部门和省交通运输厅、省高管局先后组织开展了10余次省内外、行业内外的立法调研，召开了20余次协调会议，广泛听取了各方意见和建议，数易其稿，省人大常委会将其三次列入会议重要议程进行审议，充分体现了省人大、省政府对高速公路发展和高速公路法制建设的高度重视，体现了“民主立法、科学立法”的要求，凝聚了社会各界的集体智慧。

四、《条例》对湖南省高速公路规划和建设做了具体规定

《条例》规定，湖南省高速公路规划由省人民政府交通运输主管部门会同有关部门并商高速公路沿

线设区的市、自治州人民政府编制，经省人民政府批准后报国务院交通运输主管部门备案，并向社会公布。国家鼓励、引导国内外经济组织按照特许经营的方式，依法投资建设高速公路。高速公路建设项目应当按照国家有关规定实行招标投标制度、项目法人负责制度、工程监理制度，执行国家规定的工程设计、施工和监理规范以及技术标准，保证合理设计施工周期，确保工程质量。

五、《条例》通过一些义务性、禁止性和处罚性条款从各方面对服务区管理进行了全面详细的规定，使服务区管理更加规范

一是明确了服务区设置的基本原则和要求。《条例》第十一条规定高速公路服务区应当按照国家有关标准统筹规划、合理布局，建设停车场、饮用水供应点、加油、购物、住宿、饮食等基础设施。

二是规范了服务区机动车维修经营。《条例》第三十条对服务区机动车维修经营者的经营行为提出了基本要求，同时设置了相应的法律责任（第五十三条），有效解决了高速公路维修车辆质量得不到保障、价格高等问题。

三是加强对服务区经营活动的监督检查。《条例》借鉴外省先进经验，引入了多部门监督的行政手段，规定高速公路管理机构和价格、工商、环保、卫生等主管部门应当加强对高速公路服务区经营活动的监督检查，弥补了单一部门垂直管理的局限性，使服务区的管理更加全面规范，实用性和操作性更强。

六、高速公路养护是保障高速公路安全畅通的一个重要方面，为切实加强和规范高速公路养护工作，《条例》主要从以下三个方面做了规定

一是明确了高速公路经营管理者的养护职责。《条例》第十八条明确规定高速公路的养护由高速公路经营管理者组织实施。同时提出高速公路经营管理者应当科学合理安排对高速公路的养护，减少对车辆运行的影响，保证高速公路及其附属设施处于良好的技术状态，确保将养护对高速公路通行的影响降到最低；《条例》设置了相应的处罚条款（第五十一条），确保养护工作实施到位。

二是对养护施工作业的基本要求进行了规范。《条例》第十九条从施工区域和施工标志设置、养护作业信息发布、养护现场交通安全管理措施、养护废弃物清理、作业车辆和人员标志等方面作出了明确规定，规范养护作业的安全防护措施，确保安全养护。

三是对高速公路突发事件应急处置进行了规定。《条例》根据《突发事件应对法》，总结近年来应对冰雪、地质灾害的经验教训，并及时与《公路安全保护条例》衔接，首次从责任主体、应急预案的制定、应急队伍组建等方面对高速公路突发事件应急处置作了详细规定。这些规定将高速公路经营者、高速公路管理机构、公安机关高速公路交通管理机构和高速公路沿线所在地县级以上人民政府的力量结合起来，确保了高速公路发生突发事件后。各部门能迅速反应，尽快恢复畅通。

七、《条例》在保障安全畅通，提高服务水平，便捷公众出行等方面做了具体规定

《条例》以为公众提供便捷优质服务为根本出发点，强化了高速公路的服务职能，进一步明确了高速公路管理机构及相关部门的职责，加强了高速公路经营管理者的责任，《条例》各章节都体现了以人为本、科学民主立法的原则。例如：

（1）为保护高速公路沿线居民的利益，减少噪声污染，《条例》第十二条提出，高速公路通过居民聚居区的，应当按照国家相关规定设置隔音设施。

（2）对涉及广大群众切身利益的高速公路收费标准问题，《条例》进行了新规定，除进一步明确了制定程序，还首次规定了收费标准报批前应当进行听证，明确报批为确定收费标准的必经程序，提高了公众参与度。

（3）为确保收费车道畅通，为司乘人员提供快捷高效的服务，《条例》对高速公路经营管理者的相关义务进行了更严格的规定，增加了未开启足够的收费车道引起堵塞时驾驶员的投诉权以及追究相关人员责任等条款，有效避免节假日高峰期因未开启足够车道引起的堵塞问题。

（4）为充分发挥联网技术优势，减少收费站点，提高高速公路通行能力，《条例》不仅对《收费公路管理条例》中高速公路应当实行联网收费的原则性规定予以明确，还对联网收费的规定进行了充实细化，从系统的设计建设要求、组织实施的主体、统一结算管理以及信息通报等方面作出了具体明确的规定，确保联网收费工作的顺利实施。其他诸如服务区、应急通道、交通事故处置以及临时交通管制等一系列规定均体现了保障高速公路高效运营和安全畅通这一立法目的。

北京市微博客发展管理若干规定

（2011 年 12 月 16 日）

第一条 为了规范微博客服务的发展管理，维护网络传播秩序，保障信息安全，保护互联网信息服务单位和微博客用户的合法权益，满足公众对互联网信息的需求，促进互联网健康有序发展，根据《中华人民共和国电信条例》、《互联网信息服务管理办法》等法律、法规、规章，结合本市实际情况，制定本规定。

第二条 本市行政区域内的网站开展微博客服务及其微博客用户，应当遵守本规定。

第三条 本市微博客发展管理坚持积极利用、科学发展、依法管理、确保安全的原则，促进微博客的建设、运用，发挥微博客服务社会的积极作用。

第四条 网站开展微博客服务，应当遵守宪法、法律、法规、规章，坚持诚信办网、文明办网，积极传播社会主义核心价值体系，传播社会主义先进文化，为构建社会主义和谐社会服务。

第五条 本市制定微博客服务发展规划，规定开展微博客服务网站的总量、结构和布局。

第六条 本市行政区域内网站开展微博客服务，应当在申请电信业务经营许可或者履行非经营性互联网信息服务备案手续前，依法向市互联网信息内容主管部门提出申请，并经审核同意。

第七条 开展微博客服务的网站，应当遵守有关法律、法规、规章和下列规定：

（一）建立健全微博客信息安全管理制度；

（二）根据微博客用户数量和信息量，确定负责信息安全的机构，配备具有相应专业知识和技能的人员；

（三）落实技术安全防控措施；

（四）建立健全用户信息安全管理制度，保障用户信息安全，严禁泄露用户信息；

（五）建立健全虚假信息揭露制度，及时公布真实信息；

（六）不得向未经电信业务经营许可或者未履行非经营性互联网信息服务备案的网站提供信息接口；

（七）不得制造虚假的微博客用户；

（八）对传播有害信息的用户予以制止、限制，发现构成违反治安管理行为，或者发现涉嫌犯罪的，及时向公安机关报告；

（九）协助、配合有关部门开展管理工作。

第八条 开展微博客服务的网站，应当建立健全信息内容审核制度，对微博客信息内容的制作、复制、发布、传播进行监管。

第九条 任何组织或者个人注册微博客账号，制作、复制、发布、传播信息内容的，应当使用真实身份信息，不得以虚假、冒用的居民身份信息、企业注册信息、组织机构代码信息进行注册。

网站开展微博客服务，应当保证前款规定的注册用户信息真实。

第十条 任何组织或者个人不得违法利用微博客制作、复制、发布、传播含有下列内容的信息：

（一）违反宪法确定的基本原则的；

（二）危害国家安全，泄露国家秘密，颠覆国家政权，破坏国家统一的；

（三）损害国家荣誉和利益的；

（四）煽动民族仇恨、民族歧视，破坏民族团结的；

（五）破坏国家宗教政策，宣扬邪教和封建迷信的；

（六）散布谣言，扰乱社会秩序，破坏社会稳定的；

（七）散布淫秽、色情、赌博、暴力、恐怖或者教唆犯罪的；

（八）侮辱或者诽谤他人，侵害他人合法权益的；

（九）煽动非法集会、结社、游行、示威、聚众扰乱社会秩序的；

（十）以非法民间组织名义活动的；

（十一）含有法律、行政法规禁止的其他内容的。

第十一条 市人民政府新闻管理部门、市公安机关、市通信管理部门、市互联网信息内容主管部门按照各自职责，做好微博客发展管理的相关工作。

第十二条 网络媒体协会、网络行业协会、通信行业协会等行业组织应当建立健全微博客行业自律制度，指导网站建立健全微博客服务规范，并对网站从业人员进行培训教育。

第十三条 对违反本规定的行为，任何组织和个人都可以向市人民政府新闻管理部门、市公安机关、市通信管理部门、市互联网信息内容主管部门举报，接到举报的部门应当及时依法处理。

第十四条 对违反本规定的网站和微博客用户，由市人民政府新闻管理部门、市公安机关、市通信管理部门、市互联网信息内容主管部门按照有关法律、法规、规章进行处理。

第十五条 本规定公布前已开展微博客服务的网站，应当自本规定公布之日起三个月内依照本规定向市互联网信息内容主管部门申办有关手续，并对现有用户进行规范。

第十六条 本规定自公布之日起施行。

北京市互联网信息内容主管部门新闻发言人就《北京市微博客发展管理若干规定》答记者问

一、为什么要制定《北京市微博客发展管理若干规定》？该规定公布施行是否会限制微博客服务的发展？

答：近年来，以微博客服务为代表的互联网新业务发展迅速。微博客服务在反映民意、汇聚民智，信息传播、服务社会等方面发挥了积极作用。但是，在微博客发展过程中，也出现了传播谣言和虚假信息、买卖“粉丝”、利用网络进行欺诈等突出问题，损害了公共利益和公众利益，引起网站、用户和公众的不满，社会各方强烈呼吁加强互联网诚信建设，规范微博客服务管理，保障互联网健康发展。

北京是微博客发展的重点地区，为进一步规范微博客服务，建立以诚信为基础的健康的互联网传播秩序，促进互联网新媒体健康发展，在广泛调查研究、听取各方意见的基础上，根据国家有关法律、法规、规章，市人民政府新闻办公室、市公安局、市通信管理局和市互联网信息办公室共同研究制定了《北京市微博客发展管理若干规定》（以下简称《规定》）。

《规定》明确提出，要坚持积极利用、科学发展、依法管理、确保安全的原则，加强微博客的建设、运用，发挥微博客服务社会的积极作用。

从实际情况看，开展微博客服务的网站和微博客用户呼吁规范网络传播秩序，保障其合法权益；社会公众也普遍呼吁要建立网络诚信体系，网站和微博客用户应当提供真实、准确的信息，不得提供虚假、有害信息。

从微博客服务发展来看，在注重服务规模、经济效益的同时，更应当重视社会效益，承担必要的社会责任，保证信息服务质量。

《规定》不但不会限制微博客服务的发展，还将有助于微博客网站树立企业品牌，提高服务质量。

二、《规定》提出“通过微博客制作、复制、发布、传播信息内容，应当使用真实身份信息注册账号”有何法规依据？是不是不使用真实身份信息注册微博客账号就不能使用微博客服务？具体如何执行？

答：《规定》第九条对组织或个人注册微博客账号，制作、复制、发布、传播信息内容，应当使用真实身份信息作出了明确规定。该规定包括三个意思：

1. 强调个人注册微博客账号制作、复制、发布、传播信息，应当遵守包括《中华人民共和国电信条例》第五十九条第（四）项在内的，关于任何组织或者个人不得以虚假、冒用的身份证件办理入网手续，实施扰乱网络传播秩序的有关规定。也就是微博客用户要在进行真实身份信息注册后，才能使用发言功能。

2. 对使用微博客浏览信息的用户，《规定》未作出限制性规定。

3. 微博客账号注册信息真实是指用户提交网站注册的信息，用户使用微博客服务的名称可自愿选择。通俗地讲，就是“后台实名、前台自愿”。

三、《规定》中提到“本市行政区域内网站开展微博客服务，应当在申请电信业务经营许可或者履行非经营性互联网信息服务备案手续前，依法向市互联网信息内容主管部门提出申请，并经审核同意”有何法律、法

规、规章依据？

答：依据是《互联网信息服务管理办法》（国务院令第292号）第五条："从事新闻、出版、教育、医疗保健、药品和医疗器械等互联网信息服务，依照法律、行政法规以及国家有关规定须经有关主管部门审核同意，在申请经营许可或者履行备案手续前，应当依法经有关主管部门审核同意。"

四、对微博客用户注册信息的保护，《规定》有何要求？

答：开展微博客服务的网站，有义务保护微博客用户注册信息安全。《规定》重点提出四个方面的具体要求：

1. 按照真实身份信息注册流程，微博客用户的真实身份信息，是向国家有关机关指定的机构注册，获得认证标识后，再使用该标识在网站注册账号；

2. 建立健全用户信息安全管理制度，保障用户信息安全，严禁泄露用户信息；

3. 落实技术安全防控措施；

4. 不得制造虚假的微博客用户，通俗地讲，就是不得买卖"粉丝"。

五、对已开展微博客服务的网站以及已开设微博客账号的用户如何执行《规定》？

答：开展微博客服务的网站应当依法办理相关审核、审批手续，微博客用户应当使用真实身份信息注册，是其法定义务。

针对当前有些网站和微博客用户未按照国家有关规定履行义务的问题，《规定》第十五条进一步提出，在本规定公布前已开展微博客服务的网站，应当自本规定公布之日起三个月内依照本规定向市互联网信息内容主管部门申办有关手续，并对现有用户进行规范。

山东省司法鉴定条例

（2011 年 11 月 25 日山东省第十一届人民代表大会常务委员会第二十七次会议通过　2011 年 11 月 25 日山东省人民代表大会常务委员会公告第 100 号公布　自 2012 年 5 月 1 日起施行）

第一章　总　　则

第一条　为了规范司法鉴定活动，维护司法公正，保障当事人的合法权益，根据《全国人民代表大会常务委员会关于司法鉴定管理问题的决定》和有关法律、行政法规，结合本省实际，制定本条例。

第二条　本条例适用于本省行政区域内的司法鉴定及其监督管理活动。

第三条　本条例所称司法鉴定，是指司法鉴定机构和司法鉴定人运用科学技术或者专门知识对诉讼涉及的专门性问题进行检验、鉴别和判断并提供鉴定意见的活动，包括法医类、物证类、声像资料类鉴定以及诉讼需要的会计、知识产权、建设工程、产品质量、海事、交通、电子数据等其他类鉴定。

本条例所称司法鉴定机构和司法鉴定人，是指符合本条例规定条件，经司法行政部门登记，从事前款规定司法鉴定业务的组织和人员。

第四条　省和设区的市人民政府统筹规划本行政区域的司法鉴定事业发展，协调解决司法鉴定管理工作中的重大问题。

设立司法鉴定机构遵循统筹规划、合理布局、优化结构、有序发展的原则。

第五条　司法鉴定机构和司法鉴定人实行统一登记制度。未经司法行政部门登记并编入司法鉴定机构和司法鉴定人名册，任何组织和个人不得从事本条例第三条规定的司法鉴定业务，国家另有规定的除外。

侦查机关因侦查工作需要设立的司法鉴定机构及其司法鉴定人，应当按照有关规定向司法行政部门备案登记，由其主管部门负责管理，不得面向社会接受委托从事司法鉴定业务。

第六条 司法鉴定管理实行行政管理和行业管理相结合的管理制度。

省人民政府司法行政部门制定全省司法鉴定工作发展规划和管理制度并组织实施，负责司法鉴定机构和司法鉴定人登记、名册编制和执业监督，组织司法鉴定科学技术研发、推广和应用，指导下级司法行政部门的司法鉴定管理工作。

设区的市和县（市、区）人民政府司法行政部门依照法定职责管理本行政区域的司法鉴定工作。

司法鉴定协会依照法定职责和协会章程，对会员进行行业自律管理。

有关单位应当支持司法行政部门和司法鉴定协会做好司法鉴定管理工作。

第七条 司法行政部门与审判、检察、侦查等机关建立司法鉴定工作协调机制。司法行政部门应当将司法鉴定机构和司法鉴定人名册及其管理情况定期向同级审判、检察、侦查机关通报；审判机关应当将司法鉴定意见的采信、司法鉴定人出庭作证等情况定期向同级司法行政部门通报；检察、侦查机关应当将所属司法鉴定机构的有关情况定期向同级司法行政部门通报。

第八条 司法鉴定遵循依法、独立、客观、公正原则，实行司法鉴定人负责制度。

司法鉴定机构和司法鉴定人从事司法鉴定业务，应当遵守法律、法规和规章，恪守职业道德和执业纪律，执行统一的司法鉴定程序、技术标准和操作规范，接受社会监督。

司法鉴定机构和司法鉴定人依法开展司法鉴定活动受法律保护，任何组织和个人不得非法干预。

第二章 司法鉴定机构

第九条 司法行政部门应当按照全省司法鉴定机构发展规划，依法核准设立司法鉴定机构。

全省司法鉴定机构发展规划应当公开。

第十条 法人或者其他组织申请设立司法鉴定机构，应当具备下列条件：

（一）有自己的名称、住所和符合规定数额的资金；

（二）有明确的司法鉴定业务范围和必需的仪器、设备、执业场所；

（三）有必需的依法通过计量认证或者实验室认可的检测实验室；

（四）申请从事的每项司法鉴定业务有三名以上专职司法鉴定人，并具备相应的技术能力。

申请从事的司法鉴定业务相关行业有特殊资质要求的，除具备前款规定条件外，还应当具备相应的行业资质。

司法鉴定机构负责人必须是专职司法鉴定人；受到停止执业处罚期满未逾三年的，不得担任司法鉴定机构负责人。

司法鉴定机构设立分支机构，按照国家有关规定执行。

第十一条 法人或者其他组织申请设立司法鉴定机构，有下列情形之一的，司法行政部门不予受理：

（一）法定代表人或者负责人受过刑事处罚或者开除公职处分的；

（二）司法鉴定机构负责人人选不符合本条例规定条件的；

（三）曾被吊销《司法鉴定许可证》的；

（四）法律、法规、规章规定不予受理的其他情形。

第十二条 法人或者其他组织申请设立司法鉴定机构，应当向所在地设区的市人民政府司法行政部门申请并提交相关材料。受理申请的部门应当自受理之日起二十日内进行审查，将审查意见和全部申请材料直接报送省人民政府司法行政部门。省人民政府司法行政部门应当自收到报送材料之日起二十日内予以审核，作出是否准予登记的决定，准予登记的，自作出决定之日起十日内向申请人颁发《司法鉴定许可证》；不准予登记的，书面通知申请人并说明理由。

司法行政部门组织专家对申请人的仪器、设备、执业场所和检测实验室进行评审，所需时间不计算在前款规定的期限内。

第十三条 《司法鉴定许可证》自颁发之日起五年内有效；有效期届满需要延续，应当在届满六十日前依照有关规定向司法行政部门申请。

《司法鉴定许可证》不得涂改、出借、出租、转让。

第十四条 司法鉴定机构变更名称、负责人、业务范围、资金数额、司法鉴定人，以及设立司法鉴定机构的法人或者其他组织变更法定代表人或者负责人，应当依照本条例第十二条规定向司法行政部门申请变更登记；变更其他登记事项，应当自变更之日起十五日内向省人民政府司法行政部门备案。

司法鉴定机构因登记事项发生变化不能保持法定设立条件，可以自发生变化之日起十五日内向省人民政府司法行政部门申请停业整改，期限不超过一年；整改达到设立条件，可以申请恢复执业。

司法鉴定机构因登记事项发生变化不能保持某项司法鉴定业务执业条件，可以依照前款规定申请停业整改，期限不超过一年；整改达到执业条件，可以申请恢复从事该项业务；逾期不申请停业整改或者整改期满仍不符合执业条件以及整改期满不申请恢复从事该项业务的，应当依照本条第一款规定办理业务范围变更登记。

第十五条 有下列情形之一的，由省人民政府司法行政部门依法撤销登记：

（一）以欺诈、贿赂等不正当手段取得登记的；

（二）违反法定程序准予登记的；

（三）对不符合法定条件的申请准予登记的；

（四）法律、法规规定应当撤销登记的其他情形。

第十六条 司法鉴定机构有下列情形之一的，应当终止：

（一）申请终止司法鉴定业务或者自行解散的；

（二）被依法撤销登记的；

（三）《司法鉴定许可证》有效期届满未申请延续的；

（四）《司法鉴定许可证》被依法吊销的；

（五）设立司法鉴定机构的法人或者其他组织终止的；

（六）法律、法规、规章规定应当终止的其他情形。

司法鉴定机构有下列情形之一的，视为终止：

（一）登记设立后未开业或者无正当理由停止执业满一年的；

（二）不能保持设立条件，逾期不申请停业整改或者整改期满仍不符合设立条件以及整改期满未申请恢复执业的；

（三）法律、法规、规章规定视为终止的其他情形。

司法鉴定机构终止的，省人民政府司法行政部门应当依法办理《司法鉴定许可证》注销手续，并予以公告。

第十七条 司法鉴定机构有下列情形之一的，必须停止从事司法鉴定业务：

（一）停业整改期间的；

（二）受到停止执业处罚期限未满的；

（三）发生本条例第十六条规定情形的。

不能保持某项司法鉴定业务执业条件的，必须停止从事该项业务。

前两款规定情形发生前已经受理尚未办结的业务，应当与委托人协商处理。

第十八条 司法鉴定机构应当在司法行政部门登记的业务范围内接受委托从事司法鉴定业务，不受地域限制。

司法鉴定机构从事司法鉴定业务，应当统一接受委托和组织司法鉴定人实施。

司法鉴定机构不得以诋毁其他司法鉴定机构、司法鉴定人或者支付介绍费、进行虚假宣传等不正当手段招揽业务。

有关组织和个人应当支持、配合司法鉴定机构依法开展司法鉴定活动，有义务提供有关材料。

第十九条 司法鉴定机构应当建立健全内部管理制度。

司法鉴定机构可以聘任专职司法鉴定人助理从事司法鉴定辅助业务，对其执业活动进行监督。

第二十条 司法鉴定机构从事司法鉴定业务实行统一收费，收费标准按照国家和省有关规定执行。

当事人申请司法鉴定援助的，参照《山东省法律援助条例》办理。

第三章 司法鉴定人

第二十一条 个人具备下列条件之一的，可以申请登记从事司法鉴定业务：

（一）有与所申请从事的司法鉴定业务相关的高级专业技术职称；

（二）有与所申请从事的司法鉴定业务相关专业执业资格或者高等院校相关专业本科以上学历，从事相关工作五年以上；

（三）申请从事经验鉴定型或者技能鉴定型司法鉴定业务，应当具备相关专业工作十年以上经历和较强的专业技能。

申请从事的司法鉴定业务，相关行业对执业资格有特别规定的，应当符合行业规定。

第二十二条 个人申请登记从事司法鉴定业务，有下列情形之一的，司法行政部门不予受理：

（一）因故意犯罪或者职务过失犯罪受过刑事处罚的；

（二）受过开除公职处分的；

（三）曾被吊销《司法鉴定人执业证》的；

（四）无民事行为能力或者限制行为能力的；

（五）未参加岗位培训或者培训不合格的；

（六）法律、法规、规章规定不予受理的其他情形。

第二十三条 个人从事司法鉴定业务，应当通过司法鉴定机构提出申请，申请和审核登记程序以及《司法鉴定人执业证》的使用和延续，适用本条例第十二条、第十三条的规定。

司法鉴定人变更执业机构、业务范围和其他登记事项，依照本条例第十四条第一款的规定办理变更登记和备案。

司法鉴定人有本条例第十五条规定情形之一的，由省人民政府司法行政部门依法撤销登记。

第二十四条 司法鉴定人有下列情形之一的，省人民政府司法行政部门应当注销其《司法鉴定人执业证》：

（一）申请终止司法鉴定执业的；

（二）死亡或者丧失行为能力的；

（三）司法鉴定人登记被依法撤销的；

（四）所在司法鉴定机构终止后六个月内未依法申请变更执业机构的；

（五）司法鉴定人不能保持执业条件的；

（六）《司法鉴定人执业证》被依法吊销或者有效期满未申请延续的；

（七）受到开除公职处分的；

（八）法律、法规、规章规定应当注销的其他情形。

第二十五条 司法鉴定人应当在司法行政部门登记的业务范围内从事司法鉴定业务，接受所在司法鉴定机构的管理和监督，并且只能在一个司法鉴定机构执业。

第二十六条 司法鉴定人享有下列权利：

（一）查阅、调取与鉴定事项有关的案件资料，询问有关的当事人、证人等；

（二）要求委托人提供和补充所需要的鉴定材料；

（三）拒绝接受不合法的鉴定要求；

（四）进行鉴定所必需的检验、检查，参与委托人依法组织的勘查和模拟实验；

（五）表达和保留不同的鉴定意见；

（六）拒绝回答与鉴定无关的问题；

（七）获得合法报酬；

（八）法律、法规、规章规定的其他权利。

第二十七条 司法鉴定人应当履行下列义务：

（一）接受所在司法鉴定机构的指派，依照法定或者约定时限完成鉴定工作、出具鉴定意见，并对鉴定意见负责；

（二）依法回避；

（三）妥善保管鉴定材料和有关资料；

（四）保守秘密，不得泄露个人隐私；

（五）依法出庭作证，回答与鉴定有关的询问；

（六）依照规定办理司法鉴定援助案件；

（七）法律、法规、规章规定的其他义务。

第四章 司法鉴定程序

第二十八条 诉讼活动中的司法鉴定，应当委托司法鉴定机构和司法鉴定人名册中的司法鉴定机构进行；委托鉴定的事项超出名册中司法鉴定机构登记的业务范围，可以委托其他具备鉴定能力的社会组织进行鉴定。

尚未进入诉讼程序的案件，当事人为举证需要进行鉴定的，可以委托司法鉴定机构进行鉴定。

第二十九条 委托人委托司法鉴定机构进行司法鉴定，应当出具司法鉴定委托书，并向司法鉴定机构提供真实、合法、完整的司法鉴定材料。

委托人不得以任何方式明示或者暗示司法鉴定机构、司法鉴定人作出某种特定倾向的鉴定意见。

司法鉴定机构收到司法鉴定委托书和鉴定材料后，应当依照有关规定进行审查，作出是否受理的决定，并书面通知委托人。

第三十条 司法鉴定委托有下列情形之一的，司法鉴定机构不得受理：

（一）委托事项超出本机构业务范围的；

（二）鉴定材料不真实、不完整、不充分或者取得方式不合法的；

（三）鉴定事项的用途不合法或者违背社会公德的；

（四）鉴定要求不符合司法鉴定执业规则或者相关技术规范的；

（五）鉴定要求超出本机构技术条件和鉴定能力的；

（六）委托人拒绝签订司法鉴定协议书的；

（七）司法鉴定机构负责人应当回避的；

（八）法律、法规、规章规定不得受理的其他情形。

第三十一条 司法鉴定机构决定受理鉴定委托，应当与委托人签订司法鉴定协议书。司法鉴定协议书应当载明下列事项：

（一）委托人和司法鉴定机构基本情况；

（二）委托鉴定的事项、用途和要求；

（三）鉴定事项所涉及案件的情况；

（四）委托人提供的鉴定材料目录和数量以及检材损耗的处理；

（五）鉴定的时限、费用及其结算方式；

（六）双方的权利和义务；

（七）司法鉴定风险提示；

（八）争议处理；

（九）需要载明的其他事项。

第三十二条 司法鉴定机构受理鉴定委托后，应当指定本机构两名以上具有委托鉴定事项执业资格的司法鉴定人进行鉴定。

司法鉴定人有下列情形之一的，应当回避：

（一）本人或者其近亲属与委托人、委托鉴定事项或者鉴定事项涉及的案件有利害关系的；

（二）曾参加过同一鉴定事项的鉴定或者为其提供过咨询意见的；

（三）法律、法规、规章规定应当回避的其他情形。

第三十三条 司法鉴定实施程序和适用的技术标准、操作规范，按照国家有关规定执行。

第三十四条 委托人不按照司法鉴定协议书约定交纳鉴定费用的，司法鉴定机构可以中止鉴定并书面告知委托人；补交鉴定费用的，恢复鉴定。

第三十五条 司法鉴定应当在约定的时限内完成。鉴定事项涉及复杂、疑难、特殊技术问题需要延长鉴定时间的，由司法鉴定机构与委托人协商决定。

司法鉴定过程中，因委托人不交纳鉴定费用而中止鉴定、需要补充或者重新提取鉴定材料的时间，不计算在鉴定时限内。

第三十六条 司法鉴定过程中，有下列情形之一的，终止鉴定：

（一）委托人要求终止的；

（二）发现委托鉴定事项和用途不合法或者违背社会公德的；

（三）发现鉴定材料不真实或者取得方式不合法的；

（四）发现鉴定材料不完整、不充分或者鉴定材料耗尽、毁损，委托人不能补充或者拒绝补充的；

（五）委托人的鉴定要求或者完成司法鉴定所需要的技术超出本机构技术条件和鉴定能力的；

（六）委托人不履行司法鉴定协议书约定的义务或者被鉴定人不予配合，致使鉴定无法进行的；

（七）因不可抗力致使鉴定无法进行的；

（八）委托人拒绝交纳鉴定费用的；

（九）法律、法规、规章规定以及司法鉴定协议书约定应当终止鉴定的其他情形。

终止鉴定的，司法鉴定机构应当书面通知委托人，说明理由，并根据司法鉴定协议书约定退还鉴定材料和费用；没有约定的，按照有关规定处理。

第三十七条 司法鉴定机构对涉及重大案件或者特别复杂、疑难的鉴定事项，经委托人同意，可以申请司法鉴定协会组织有关专家进行论证，提供咨询意见。

第三十八条 司法鉴定完成后，司法鉴定机构应当向委托人出具司法鉴定文书，由承办的司法鉴定人签名并加盖司法鉴定专用章。

司法鉴定机构应当建立鉴定复核制度，发现有违反规定的情形，应当予以纠正。

司法鉴定文书出具后，司法鉴定机构发现有本条例第三十六条第二项、第三项规定的情形，应当撤销司法鉴定文书。

第三十九条 有下列情形之一的，司法鉴定机构可以根据委托人的请求进行补充鉴定：

（一）委托人增加新的鉴定要求的；

（二）委托人发现委托的鉴定事项有遗漏的；

（三）委托人提供或者补充新的鉴定材料的；

（四）需要补充鉴定的其他情形。

第四十条 有下列情形之一的，可以委托司法鉴定机构进行重新鉴定：

（一）原司法鉴定机构、司法鉴定人超出登记的业务范围进行鉴定的；

（二）原司法鉴定机构负责人、司法鉴定人应当回避而未回避的；

（三）原司法鉴定严重违反规定程序、技术操作规范或者适用技术标准明显不当的；

（四）当事人对原鉴定意见有异议，并能提出合法依据和合理理由的，但是，鉴定意见有缺陷可以通过补充鉴定、重新质证或者补充质证等方式解决的除外；

（五）法律、法规、规章规定可以委托重新鉴定的其他情形。

重新鉴定应当委托其他司法鉴定机构进行，受托的司法鉴定机构的资质条件，应当不低于原司法鉴定机构的资质条件；当事人协商一致的，也可以委托原司法鉴定机构鉴定，由其他司法鉴定人实施。

委托司法鉴定机构重新鉴定，应当在司法鉴定委托书中注明。

第四十一条 当事人对司法鉴定意见有异议并经人民法院同意，或者人民法院认为需要的，可以委托司法鉴定协会组织有关专家进行论证，提供咨询意见。

第四十二条 司法鉴定人经人民法院通知出庭作证的，应当出庭作证；经人民法院同意不出庭作证的，应当书面回答质询。

人民法院通知司法鉴定人出庭作证的，应当在开庭三日前将通知书送达司法鉴定人，并为司法鉴定人提供必要的费用和工作条件，保障司法鉴定人的执业权利、人身安全等合法权益。

第五章 监督管理

第四十三条 省人民政府司法行政部门应当按照年度编制司法鉴定机构和司法鉴定人名册，并予以公告；对停业整改的司法鉴定机构及其司法鉴定人或者司法鉴定业务，应当暂缓编入名册；对依法被注销执业证书的司法鉴定机构、司法鉴定人或者终止从事的司法鉴定业务，不得编入名册，已经编入的应当公告删除。

第四十四条 司法行政部门应当建立司法鉴定机构和司法鉴定人年度考核制度，考核结果作为编制名册的重要依据。

司法鉴定机构或者司法鉴定人年度考核不合格的，暂缓编入名册，责令停业整改，期限不超过一年；整改合格的，可以申请恢复执业；整改不合格或者整改期满未申请恢复执业的，注销执业证书。

司法鉴定机构和司法鉴定人无正当理由不接受年度考核，按照考核不合格处理。

第四十五条 司法行政部门应当建立司法鉴定机构资质评估、司法鉴定质量评估和司法鉴定人诚信评估制度并组织实施。评估结果向社会公开。

第四十六条 司法行政部门应当就下列事项，对司法鉴定机构、司法鉴定人进行监督、检查：

（一）遵守法律、法规、规章情况；

（二）执行司法鉴定程序、技术标准和操作规范情况；

（三）业务开展和鉴定质量情况；

（四）恪守职业道德和执业纪律情况；

（五）制定和执行管理制度情况；

（六）法律、法规、规章规定的其他事项。

司法行政部门依法履行监督、检查职责，可以采取现场检查、调阅有关资料等措施。

第四十七条 司法鉴定利害关系人认为司法鉴定机构、司法鉴定人在执业活动中有违法违规行为，可以向有管辖权的县级以上人民政府司法行政部门书面投诉。

司法行政部门应当自收到投诉材料之日起七个工作日内，作出是否受理的决定，并书面告知投诉人。投诉材料不齐全的，应当及时告知投诉人补充，所需时间不计算在规定期限内。

司法行政部门对投诉受理的，应当依照有关规定进行调查处理，并将查处结果书面告知投诉人；不受理的应当告知理由。

司法行政部门对涉及专业技术或者违反行业规范的投诉事项，可以交由司法鉴定协会调查处理。

第四十八条 投诉有下列情形之一的，不予受理：

（一）投诉事项不属于本部门管辖的；

（二）投诉事项已经司法行政部门处理，或者经行政复议、行政诉讼结案，没有新的事实和证据的；

（三）对司法鉴定意见或者人民法院采信司法鉴定意见的决定有异议的；

（四）对司法鉴定程序规则和技术规范有异议的；

（五）法律、法规、规章规定不予受理的其他情形。

第四十九条 省司法鉴定协会、设区的市根据需要设立的司法鉴定协会，依照法定职责和协会章程开展活动，接受司法行政部门的监督、指导。

司法鉴定机构和司法鉴定人应当加入司法鉴定协会，按照协会章程享受权利、履行义务。

第五十条 司法鉴定协会负责制定行业规范，维护会员权益，总结交流经验，组织技术研发，处理投诉和会员申诉，调解执业纠纷，对会员进行教育培训、监督、考核、评估、奖励、惩戒，对重大、复杂、疑难鉴定事项提出咨询意见，承担司法行政部门交办事项。

司法鉴定协会根据需要，可以设立专门委员会和专业委员会，按照协会章程履行职责。

第六章 法律责任

第五十一条 违反本条例，司法鉴定机构有下列行为之一的，由设区的市以上人民政府司法行政部门根据情节轻重给予警告、停止执业三个月以上一年以下的处罚，可以并处一万元以上五万元以下的罚款；有违法所得的，没收违法所得：

（一）超出登记的业务范围执业的；

（二）登记事项发生变化，未依法办理变更登记或者备案的；

（三）涂改、出借、出租、转让《司法鉴定许可证》的；

（四）以诋毁其他司法鉴定机构、司法鉴定人或者支付介绍费、进行虚假宣传等不正当手段招揽业务的；

（五）违反规定接受委托、收取费用的；

（六）应当停业整改或者终止，继续从事司法鉴定业务的；

（七）受理委托后，无正当理由拒绝或者不按时出具司法鉴定文书的；

（八）组织未经登记的人员违反规定从事司法鉴定业务或者组织司法鉴定人超出本人登记的业务范围执业的；

（九）组织司法鉴定人违反司法鉴定程序、技术标准和操作规范进行鉴定的；

（十）拒绝履行司法鉴定援助义务的；

（十一）拒绝接受司法行政部门监督、检查或者采取提供虚假材料等手段弄虚作假的；

（十二）对本机构司法鉴定人疏于管理，造成严重后果的。

司法鉴定机构受到处罚的，对其负责人根据情节轻重给予警告、停止执业三个月以上一年以下的处罚，可以并处二千元以上一万元以下的罚款。

第五十二条 违反本条例，司法鉴定机构有下列行为之一的，由省人民政府司法行政部门吊销其《司法鉴定许可证》：

（一）受到停止执业处罚期间，继续从事司法鉴定业务的；

（二）受到停止执业处罚期满后二年内，又发生应当给予停止执业处罚情形的；

（三）发生本条例第五十一条规定的情形，情节特别严重的。

司法鉴定机构被吊销《司法鉴定许可证》的，其负责人三年内不得申请从事司法鉴定业务。

第五十三条 违反本条例，司法鉴定人有下列行为之一的，由设区的市以上人民政府司法行政部门根据情节轻重给予警告、停止执业三个月以上六个月以下的处罚，可以并处二千元以上一万元以下的罚款；有违法所得的，没收违法所得：

（一）超出登记的业务范围从事司法鉴定业务的；

（二）同时在两个以上司法鉴定机构执业的；

（三）涂改、出借、出租、转让《司法鉴定人执业证》的；

（四）私自接受委托、收取费用或者当事人财物的；

（五）停业整改期间或者所在司法鉴定机构终止，继续从事司法鉴定业务的；

（六）违反保密和回避规定的；

（七）违反司法鉴定程序、技术标准和操作规范进行司法鉴定的；

（八）无正当理由拒绝或者不按时出具司法鉴定文书的；

（九）拒绝履行司法鉴定援助义务的；

（十）拒绝接受司法行政部门监督、检查或者采取提供虚假材料等手段弄虚作假的。

第五十四条 违反本条例，司法鉴定人有下列行为之一的，由设区的市以上人民政府司法行政部门给予停止执业六个月以上一年以下的处罚；情节严重的，由省人民政府司法行政部门吊销其《司法鉴定人执业证》：

（一）因严重不负责任给当事人合法权益造成重大损失的；

（二）经人民法院依法通知，无正当理由拒绝出庭作证的；

（三）发生本条例第五十三条规定的情形，造成严重后果的。

第五十五条 违反本条例，司法鉴定人有下列行为之一的，由省人民政府司法行政部门吊销其《司法鉴定人执业证》：

（一）因故意犯罪或者职务过失犯罪受到刑事处罚的；

（二）故意作虚假鉴定的；

（三）受到停止执业处罚期间继续从事司法鉴定业务的；

（四）受到停止执业处罚期满后二年内，又发生应当给予停止执业处罚情形的。

第五十六条 受到停止执业处罚的司法鉴定机构和司法鉴定人，应当按照司法行政部门的要求进行整改，并在处罚期届满十五日前将整改情况书面报告司法行政部门。司法行政部门收到整改报告后应当及时审查，对达到整改要求的，准予恢复执业；对达不到整改要求的，注销执业证书。

第五十七条 司法鉴定机构和司法鉴定人违法执业或者因过错给当事人造成损失，由司法鉴定机构依法承担赔偿责任；司法鉴定机构不是法人的，设立司法鉴定机构的法人或者其他组织应当承担连带责任。司法鉴定机构赔偿后，可以向有过错的司法鉴定人追偿。

司法鉴定人违法执业构成犯罪的，依法追究刑事责任。

第五十八条 违反本条例，未经省人民政府司法行政部门登记的组织和人员从事司法鉴定业务，由所在地县（市、区）人民政府司法行政部门责令停止违法活动；有违法所得的，没收违法所得，并处违法所得一倍以上三倍以下的罚款。

第五十九条 违反本条例，司法行政部门工作人员在司法鉴定管理工作中滥用职权、玩忽职守、徇私舞弊的，由所在司法行政部门依法给予处分；构成犯罪的，依法追究刑事责任。

第六十条 违反本条例，其他国家机关和社会组织工作人员滥用职权、玩忽职守、徇私舞弊，或者非法干预、阻挠司法鉴定机构和司法鉴定人依法开展司法鉴定活动的，由其所在单位或者主管部门依法给予处分；构成犯罪的，依法追究刑事责任。

第六十一条 对违反本条例的行为，法律、行政法规已有处罚规定的，依照其规定执行。

第七章 附 则

第六十二条 调解、仲裁、行政复议、公证、保险服务过程中需要鉴定的，参照本条例执行。

第六十三条 本条例自2012年5月1日起施行。

河北省森林防火规定

（2011年11月9日省政府第96次常务会议通过 2011年11月21日河北省人民政府令〔2011〕第14号公布 自2012年1月1日起施行）

第一章 总 则

第一条 为保障人民生命财产安全，保护森林资源，根据《中华人民共和国森林法》、国务院《森林防火条例》等有关法律、法规的规定，结合本省实际，制定本规定。

第二条 本规定适用于本省行政区域内森林火灾的预防和扑救。

法律、法规另有规定的，从其规定。

第三条 各级人民政府负责本行政区域内的森林防火工作，实行行政首长负责制，政府主要负责人为第一责任人，分管负责人为主要责任人，其设立的森林防火指挥机构负责组织、协调和指导本行政区域的森林防火工作。

县级以上人民政府森林防火指挥机构应当会同有关部门建立专职指挥制度，重点火险县的森林防火办公室应当配备专职工作人员。省人民政府森林防火指挥机构应当强化预警监测、扑火指挥、航空护林等工作职能，完善森林防火组织指挥体系。

县级以上人民政府林业主管部门负责本行政区域森林防火的监督和管理工作，承担本级人民政府森林防火指挥机构的日常工作。

第四条 县级以上人民政府应当将森林防火基础设施建设纳入国民经济和社会发展规划，把森林防火经费纳入本级财政预算，根据森林防火实际需要，结合本级财力情况确保森林防火经费。

第五条 森林防火工作属于紧急抢险救灾性质，各级人民政府应当强化森林火灾扑救人员和森林防火工作人员的保护措施，按高危行业落实有关待遇。

第六条 各级人民政府鼓励并支持通过各种有效方式，转换、降解林区内可燃物载量。

第七条 县级以上人民政府应当对在森林防火工作中作出突出成绩的单位和个人，按有关规定给予表彰和奖励，奖励经费由本级财政承担。

县级以上人民政府森林防火指挥机构可以按有关规定，对在扑救重大、特别重大森林火灾中表现突出的单位和个人，当场给予表彰和奖励。

第二章　森林火灾的预防

第八条 每年10月1日至次年5月31日为本省森林防火期。县级以上人民政府可以根据实际情况，具体规定森林防火期，划定森林防火区，并向社会公布。

森林防火区内严禁下列野外用火：

（一）吸烟、乱丢火种；

（二）燃放烟花爆竹、祭祀用火、点放孔明灯；

（三）烤火、野炊；

（四）燎地边、烧秸秆、烧荒、焚烧垃圾；

（五）其他未经批准的用火。

第九条 县级以上人民政府应当划定森林防火责任区，确定森林防火责任单位，建立森林防火责任制度和考核制度，制定森林防火责任追究办法。

森林防火目标管理责任制应当列入各级人民政府年度目标管理考评内容。

第十条 县级以上人民政府应当按国家和省有关规定建设林火阻隔带、防火道路、应急通信、视频监控和扑火物资储备库等森林防火基础设施，储备必要的扑火物资，提高森林防火基础建设水平和物资装备保障能力。

第十一条 县级人民政府应当加强护林员队伍建设，按六十公顷有林地不少于一名护林员的标准配备，落实护林员工资、补贴等待遇。

护林员的森林防火职责主要是：

（一）宣传森林防火法律、法规、规章和防火知识，对进入森林防火区的人员进行防火教育；

（二）巡山护林，管理野外用火，制止野外违法用火行为，控制火种进入防火区；

（三）及时报告火情，积极参与扑救森林火灾；

（四）协助有关部门调查森林火灾案件。

第十二条 县级以上人民政府应当根据森林火险区划等级，成立相应规模的森林消防专业队伍，配备专职管理人员，解决营房、训练场地、车辆、扑火机具等设施、装备建设经费，把森林消防专业队员的工资、社会保险、福利待遇纳入同级财政预算。森林消防专业队伍的培训、调动和管理，由同级人民政府森林防火指挥机构负责。

重点火险县应当加强森林消防专业队伍建设，一级火险县成立不少于一百人的森林消防专业队伍，二级火险县成立不少于六十人的森林消防专业队伍，三级火险县成立不少于三十人的森林消防专业队伍。

国有林场、自然保护区、森林公园、风景名胜区、矿山等企业、事业单位，应当成立规模与防火任务相适应的森林消防专业队伍。

第十三条 县级以上人民政府应当协调人民解放军、武警部队、民兵预备役部队，建立森林消防应急队伍，完善军地沟通协调和应急联动机制。

第十四条 各级各类森林消防队伍应当经常组织森林防火知识培训，加强扑火实战演练，提高火灾扑救能力。

第十五条 森林防火期内，遇有高温、干旱、大风等高火险天气的，县级以上人民政府应当划定森林高火险区，规定森林高火险期，发布政府决定、命令，采取封山管理措施，严禁一切野外用火。

第十六条 县级以上人民政府应当组织林业、农业、教育、旅游、广播电视等有关部门开展森林防火公益宣传，普及森林防火知识，提高全民森林防火意识。

林区所在地的学校和有关职业培训机构应当加强森林防火知识的教育和培训。

第十七条 气象主管机构应当无偿提供森林火险天气预报服务。广播、电视、报纸、互联网等媒体应当及时无偿播发或者刊登森林火险天气预报。

无线电管理部门对森林防火专用通信设备，应当免收频率占用费和检测费。

经交通运输等有关部门批准，执行森林火灾预防和扑救任务的车辆，免收过路、过桥费。

第十八条 铁路、公路、石油天然气管道，以及电力、电信线路等森林防火责任单位，应当在森林火灾易发地段开设防火隔离带，清除周边可燃物，并组织人员进行巡护，防止森林火灾发生。

铁路、公路运输管理部门应当对进入林区的运营企业和乘客进行森林防火安全宣传教育。

第十九条 在森林郁闭度零点二以上的林地依法开办工矿企业，设立旅游区或者新建开发区的，应当开设防火隔离带或者营造生物防火林带、设置森林防火宣传标识等森林防火设施，做到与工程建设同步规划、同步设计、同步施工、同步验收。

前款规定建设项目规划的森林防火设施应当报县级以上人民政府林业主管部门备案，完工后应当予以验收，验收不合格的，不得投入使用。

在森林郁闭度零点二以下的林地内建设工程，建设单位应当主动采取森林火灾防控措施，接受森林防火指挥机构的监督检查。

第二十条 县级以上人民政府森林防火指挥机构应当组织有关部门开展森林防火督导检查工作，重点检查各项森林火灾防控措施和隐患排查的落实情况。对检查中发现的森林火灾隐患，应当要求有关单位和个人予以消除；未按要求消除隐患的，由县级以上人民政府林业主管部门向有关单位和个人下达森林火灾隐患整改通知书，责令限期整改。

第二十一条 在森林防火期内，经省人民政府或者其授权的部门批准设立的森林防火检查站，对进入森林防火区的车辆和人员进行森林防火检查。

县级人民政府根据实际需要，可以在森林防火区乡道、村道设立临时性的森林防火检查站，森林防火期结束后予以撤销。

森林防火检查站不得收取任何费用。

第二十二条 乡（镇）人民政府应当落实森林防火责任，组织人员巡山护林，建立森林消防半专业队伍，开展森林火灾隐患排查，及时扑救森林火灾。

第二十三条 鼓励村民委员会成立森林防火组织，配备临时性护林员，建立森林消防群众队伍，做好森林防火工作。

第二十四条 森林、林木、林地的所有者和经营者，应当在主要路口、关键部位设置森林防火警示宣传标志，对外来人员进行森林防火安全宣传，配备护林员，开展防火巡护，清除边缘可燃物，建设森林防火基础设施，配备森林防火所需的设备。

第二十五条 在森林防火期内，对无民事行为能力人和限制民事行为能力人的监护人，应当实行森林防火监护责任制，加强对被监护人的森林防火教育和管理，防止玩火等行为引发森林火灾。

第三章 森林火灾的扑救

第二十六条 任何人发现森林火灾应当立即报警。任何单位、个人应当无偿为报警提供便利，不得阻拦报警。严禁谎报火警。

第二十七条 当地人民政府森林防火指挥机构接到卫星监测林火热点、航空观测火点或者其他火情报告后，应当立即派人赶赴现场核实情况，并按有关规定逐级上报。不得瞒报、谎报或者拖延报告。

第二十八条 发生下列森林火灾，设区的市人民政府森林防火指挥机构应当立即报告省人民政府森林防火指挥机构。需报告省人民政府和国家森林防火指挥机构的，由省人民政府森林防火指挥机构上报：

（一）受害森林面积一公顷以上的森林火灾；

（二）8 小时尚未扑灭明火或者当日未灭的森林火灾；

（三）国有林场、自然保护区、风景名胜区以及飞播林发生的森林火灾；

（四）威胁居民区或者重要设施安全的森林火灾；

（五）造成一人以上死亡或者二人以上重伤的森林火灾；

（六）设区的市行政区域交界处发生危险性较大的森林火灾；

（七）与邻省、自治区、直辖市周边乡（镇）发生的森林火灾；

（八）需要省协调支援的森林火灾。

第二十九条 发生森林火灾，乡（镇）人民政府应当先行组织扑救，并立即报告县级人民政府森林防火指挥机构；县级以上人民政府森林防火指挥机构应当按规定启动森林火灾处置应急预案。

第三十条 森林火灾发生后，火灾发生地县级人民政府应当成立森林火灾扑救前线指挥部，政府主要负责同志或者分管负责同志担任扑救前线指挥部指挥长，负责森林火灾扑救的组织、指挥、协调、决策。参加扑火的单位和人员应当服从扑救前线指挥部的统一调动和指挥。

扑救前线指挥部的主要职责是：

（一）召集有关专家对火场态势进行科学分析和评估，制定现场扑火方案，并组织实施；

（二）随时掌握火情变化和发展趋势，及时调整和调动扑火队伍，尽最大可能避免人员伤亡，尽快扑灭火灾；

（三）及时报告火灾扑救情况，保障火灾现场与同级和上一级人民政府森林防火指挥机构的信息畅通；

（四）及时调动扑火救灾人力、物资，合理调配资源，保障扑火需要；

（五）做好火灾现场后勤保障、医疗救助和宣传报道等工作。

第三十一条 扑救森林火灾应当以森林消防专业队伍为主，以森林消防半专业队伍为辅，以森林消防群众队伍为补充，充分发挥人民解放军、武警部队、民兵预备役部队森林消防应急队伍的作用。

第三十二条 因扑救森林火灾需要，县级以上人民政府森林防火指挥机构可以决定采取开设隔离带、清除障碍物、应急取水、局部交通管制等紧急措施。

执行森林火灾扑救任务的车辆，在确保安全情况下，不受行驶速度、行驶路线、行驶方向和指挥信号的限制。交通管理指挥人员应当保证车辆迅速通行。

第三十三条 森林火灾扑灭后，火灾扑救队伍应当对火灾现场进行全面清理检查，按规定程序将火场移交当地人民政府或者责任单位看守。火场看守时间一般不少于24小时。经当地人民政府或者森林防火指挥机构检查验收合格，方可撤出看守人员。

第四章　灾后处置

第三十四条　森林火灾扑灭后，县级以上人民政府林业主管部门应当及时会同有关部门和单位，对火灾发生的时间、地点、原因、肇事者、过火面积、受害森林面积和蓄积、人员伤亡、扑火支出及其他经济损失等情况进行调查、统计和评估。调查统计结果报告本级人民政府、有关单位和上一级人民政府林业主管部门，并提出处理建议。

对森林火灾的调查按下列分工进行：

（一）一般森林火灾由县级人民政府林业主管部门负责组织调查；

（二）较大森林火灾由设区的市人民政府林业主管部门负责组织调查；

（三）重大以上森林火灾由省人民政府林业主管部门负责组织调查；

（四）发生跨行政区域的森林火灾由共同上级人民政府林业主管部门负责组织调查，发生跨省界的森林火灾由省人民政府林业主管部门或者其授权的部门、单位负责调查。

第三十五条　对因扑救森林火灾负伤、致残或者死亡的人员，按国家和省有关规定给予医疗、抚恤。

第三十六条　森林火灾信息由县级以上人民政府森林防火指挥机构或者林业主管部门向社会发布。未经县级以上人民政府森林防火指挥机构或者林业主管部门核准，其他任何单位和个人不得擅自发布。

第五章　法律责任

第三十七条　违反本规定，各级人民政府、县级以上人民政府森林防火指挥机构、林业主管部门或者其他有关部门及其工作人员，有下列行为之一的，由其上级行政机关或者监察机关责令改正；情节严重的，对直接负责的主管人员和其他直接责任人员依法给予处分；构成犯罪的，依法追究刑事责任：

（一）未按规定落实森林防火责任制的；

（二）未按要求建设森林防火基础设施的；

（三）未按规定配备护林员，成立森林消防专业队伍的；

（四）未按规定对建设项目的森林防火设施进行备案并验收的；

（五）发现森林火灾隐患未提出整改意见或者对于重大火灾隐患未及时下达森林火灾隐患整改通知书的；

（六）瞒报、谎报或者拖延报告森林火灾情况的；

（七）发生火灾未及时组织扑救致使火灾蔓延的；

（八）未按规定履行火场看守职责造成火灾复燃的；

（九）其他玩忽职守、滥用职权、徇私舞弊的行为。

第三十八条 违反本规定第十五条规定的，由县级以上人民政府林业主管部门依照国务院《森林防火条例》予以处罚；拒不执行人民政府发布的决定、命令的，由县级以上森林公安机关依照《中华人民共和国治安管理处罚法》第五十条规定予以处罚，未设立森林公安机关的，由地方公安机关处罚。

第三十九条 违反本规定第十九条第一款、第二款规定的，由县级以上人民政府林业主管部门责令限期改正；逾期不改正的，处五千元以上一万元以下罚款。

第四十条 违反本规定，造成森林火灾，构成犯罪的，依法追究刑事责任；尚不构成犯罪的，除依照国务院《森林防火条例》有关规定追究法律责任外，县级以上人民政府林业主管部门可以责令火灾肇事单位或者个人补种损毁株数一倍以上三倍以下的树木。

第六章 附 则

第四十一条 本规定自2012年1月1日起施行。1996年7月1日河北省人民政府公布施行的《河北省森林防火实施办法》同时废止。

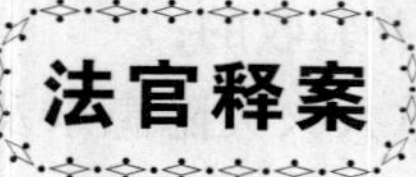

职工无照驾驶无证车辆在上班途中受到机动车伤害死亡应否认定工伤

蔡小雪*

一、问题的提出

安徽省高级人民法院在审理陈宝英诉安徽省桐城市劳动和社会保障局工伤行政确认请示一案中认定如下事实：高跃文生前系桐城市大拇指材料有限公司职工。2008 年 3 月 16 日下班途中，高跃文无驾驶证驾驶无号牌两轮摩托车与陈光林驾驶的普通货车碰撞，致其死亡。经桐城市交通警察大队交通事故认定，陈光林负事故的主要责任，高跃文违反《中华人民共和国道路交通安全法》第八条、第十九条的规定，负事故的次要责任。2008 年 6 月 1 日高跃文之妻陈宝英向桐城市劳动和社会保障局申请工伤认定，桐城市劳动和社会保障局以高跃文无驾驶证驾驶无号牌摩托车为由，作出（2008）桐劳工字第 006 号《不予认定通知书》，不予认定高跃文因工死亡。陈宝英、高祥不服，提出申请复议。桐城市行政复议机关以桐复决字（2008）第 005 号行政复议决定书维持了桐城市劳动和社会保障局作出的《不予认定通知书》。陈宝英、高祥仍不服，提起行政诉讼，要求撤销被告作出的《不予认定通知书》，责令桐城市劳动和社会保障局重新作出工伤认定。

安徽省高级人民法院在讨论该案时，主要对《工伤保险条例》第十六

* 最高人民法院行政审判庭审判长。

条第（一）项规定“职工因违反治安管理伤亡的，不得认定工伤或者视同工伤”中的“治安管理”应如何理解问题形成两种意见。第一种意见认为，虽然《治安管理处罚条例》明确规定了无驾驶证的人驾驶机动车辆的行为属于违反治安管理的行为，但该条例在2006年3月1日已废止，高跃文无证驾驶的行为发生在2008年3月16日，应适用2006年3月1日施行的《中华人民共和国治安管理处罚法》，该法并没有将无证驾驶的行为纳入违反治安管理的行为；本案中，公安机关的《交通事故认定书》不是对治安管理违法行为的确认，劳动保障行政部门也无权对违反治安管理的行为进行认定。因此，没有证据证明高跃文的行为是违反治安管理的行为。第二种意见认为，《工伤保险条例》施行时，配套施行的是《治安管理处罚条例》。《工伤保险条例》中的“治安管理”应属于《治安管理处罚条例》规定的广义上的“治安管理”，《治安管理处罚条例》明确规定了无证驾驶的行为属于违反治安管理的行为。因此，高跃文无证驾驶的行为是违反广义上的治安管理的行为。

上述第一种意见为安徽省高级法院审判委员会多数人意见。

二、法理分析

本案的涉及两个法律问题，一是违反《道路交通安全法》的行为，是否属于《工伤保险条例》第十六条第（一）项规定“职工因违反治安管理伤亡的，不得认定工伤或者视同工伤”中的“治安管理”的问题。二是职工在上下班途中无证驾驶机动车伤亡的，应否认定为工伤。

（一）关于违反《道路交通安全法》的行为是否属于违反治安管理的问题

法律解释的基本方法可以分为文意解释、目的解释、历史解释和体系解释四种。对法律条文的解释一般也应当先从文意解释开始，如果文意解释存在不明确的情况时，再按照目的解释、历史解释、体系解释的步骤进行进一步的解释。

《工伤保险条例》颁布之时，《治安管理处罚条例》尚未修改，违反交通管理的行为，属于该条例的调整范围，在这段时间，对“治安管理”一词的内涵和外延都是清楚无争议的，职工因违反交通管理的行为伤亡的，社会保障部门不认定为工伤。但是，2006年3月1日施行的《治安管理处罚法》并没有将违反交通管理的行为纳入违反治安管理的行为。因此，在实践中对“治安管理”就出现了不同的理解。

在实践中对“治安管理”有两种不同理解。一种理解为广义的治安管理。即指公安机关为维护公共秩序和社会安定而实施的社会行政管理。它包括治安、消防、交通等涉及公共秩序和社会安定的公安管理。理由是:《治安管理处罚法》第二条规定：扰乱公共秩序，妨害公共安全，侵犯人身权利、财产权利，妨害社会管理，具有社会危害性，尚不够刑事处罚的，由公安机关依照本法给予治安管理处罚；第四条第一款规定：在中华人民共和国领域内发生的违反治安管理行为，除法律有特别规定的以外，适用本法。还有，《关于〈中华人民共和国治安管理处罚法〉（草案）的说明》也明确指出:《消防法》、《道路交通安全法》、《居民身份证法》等法律相对应的违法行为及处罚已有系统规定的，草案不再重复规定。另一种理解为狭义的治安管理。仅指《治安管理处罚法》所调整的范围，不包括交通管理。理由如下：2004 年 5 月 1 日起施行的《道路交通安全法》将违反交通管理的行为纳入《道路交通安全法》的调整范围，明确将无证驾驶等违反交通管理的行为排除在当时仍有效的《治安管理处罚条例》之外，根据后法优于前法的原则可以确定违反治安管理的行为已不包括违反交通管理的行为。2006 年 3 月 1 日起施行的《治安管理处罚法》也未将原来《治安管理处罚条例》所规定的违反交通管理的行为纳入调整范围。[①]

前一种理解基于违反治安管理的行为与违反交通管理的行为在内容和性质上都有妨害公共安全的共性，从广义上理解违反治安管理行为的外延，得出违反治安管理的行为包含违反交通管理的行为。这种显然不符合《工伤保险条例》制定时逐步放宽工伤认定条件，体现人文关怀的立法本意；而后一种理解是基于违反交通管理的行为与违反治安管理的行为分别由不同的法律予以调整和规范，按照后法优于前法的法律适用原则去解释，从狭义上理解违反治安管理行为的外延，认为违反交通管理的行为已排除在《工伤保险条例》第十六条第（一）项规定中的“违反治安管理”的外延之外，得出违反治安管理的行为与违反交通管理的行为互不包含的结论。这两种观点从法理上似乎都能自圆其说，但也存在不足。

由于文意解释难以解释清楚，所以，还需要从目的解释、历史解释、体系解释进行进一步的解释。

关于职工不应认定为工伤范围的问题，我国的立法经历了一个从无到

① 引自《交通事故工伤认定的排除性范围》，载 www.110.com，于 2010 年 7 月 6 日访问。

有、从宽到严的过程。劳动部1996年8月12日发布、自1996年10月1日起施行的《企业职工工伤保险试行办法》第九条规定："职工由于下列情形之一造成负伤、致残、死亡的，不应认定为工伤：（一）犯罪或违法；（二）自杀或自残；（三）斗殴；（四）酗酒；（五）蓄意违章；（六）法律、法规规定的其他情形。"国务院2003年4月27日发布，自2004年1月1日起施行的《工伤保险条例》第十六条规定："职工有下列情形之一的，不得认定为工伤或者视同工伤：（一）因犯罪或者违反治安管理伤亡的；（二）醉酒导致伤亡的；（三）自残或者自杀的。"

全国人大常委会2010年10月28日颁布，自2011年7月1日施行的《社会保险法》第三十七条规定："职工因下列情形之一导致本人在工作中伤亡的，不认定为工伤：（一）故意犯罪；（二）醉酒或者吸毒；（三）自残或者自杀；（四）法律、行政法规规定的其他情形。"国务院2010年12月20日发布、2011年1月1日起施行的《工伤保险条例（修订）》第十六条规定："职工符合本条例第十四条、第十五条的规定，但是有下列情形之一的，不得认定为工伤或者视同工伤：（一）故意犯罪的；（二）醉酒或者吸毒的；（三）自残或者自杀的。"从中可以看出不得认定工伤的范围逐步缩小。

国务院法制办对《国务院关于修改〈工伤保险条例〉的决定（征求意见稿）》的说明中指出："工伤保险作为社会保险，目的是保障工伤职工的基本生活，应当尽可能缩小不得认定工伤的范围。违反治安管理行为和违反道路交通安全管理行为，与犯罪相比，社会危害性较小，不宜将因这两种行为导致的事故伤害排除在工伤认定范围之外。据此，征求意见稿删除了因违反治安管理行为和违反道路交通安全管理行为导致事故伤害的这两种不得认定为工伤的情形。"

《工伤保险条例》的目的是保障工伤职工的基本生活，故应当尽可能缩小不得认定工伤的范围。说明中亦指出违反道路交通安全管理行为，与犯罪相比，社会危害性较小，不宜将因这种行为导致的事故伤害排除在工伤认定范围之外。因此，从《工伤保险条例》的立法目的考虑，当《治安管理处罚法》颁布后，将违反道路交通安全管理行为排除在该法调整之外后，就不宜再将职工因违反道路交通安全管理伤亡的职工排除工伤之外。

此外，最高人民法院行政审判庭在办理北京市高级人民法院"关于对《工伤保险条例》第十四条第（六）项和第十六条第（一）项如何理解的请示"时，就此问题征求过国务院法制办的意见。该办于2005年1月18日复函称："根据《工伤保险条例》第十四条第（六）项及第十六条第（一）项的规定，职工在上下班途中因违章受到机动车事故伤害的，只要其违章行为没有违反治安管理，应当认定为工伤。"据此，我庭于2005年4月1日作出（2004）行他字第19号答复，答复中明确指出："根据《工伤保险条例》第十四条第（六）项的规定，职工在上下班途中因违章受到机动车事故伤害的，只要其违章行为没有违反治安管理，应当认定为工伤。"

据此，职工在上下班途中因违章受到机动车事故伤害的，一般情况下，可以认定为工伤。

（二）关于职工在上下班途中无证驾驶机动车伤亡的，应否认定为工伤的问题

最高人民法院行政审判庭在办理本请示时，收到《工伤保险条例》的修改草案，该草案中的第十四条中规定："职工有下列情形之一的，应当认定为工伤：……；（六）在上下班途中，受到机动车事故或者城市轨道交通工具、客运轮渡、火车事故伤害的，但是，伤害是因职工无证驾驶机动车、驾驶无牌照机动车或者饮酒后驾驶机动车发生事故导致的除外；……。"

尽管，该草案还在讨论中，但要考虑到《工伤保险条例》修改动向，目前的稿子将这类行为排除在认定工伤的范围之外，这个因素不能不考虑。从行为本身讲，如果认定工伤，从合理性上也值得考虑。职工上下班途中，无证驾驶者驾驶没有牌照机动车，是对自己的生命和安全的漠视，也是对他人的生命和安全的漠视，对这种严重违章行为不应认定为工伤。将无证驾驶者驾驶无证车辆纳入工伤保险范围既缺乏法律依据又不具有正当性。鉴于2000年12月14日由原劳动保障部办公厅下发的《劳动和社会保障部办公厅关于无证驾驶车辆发生交通事故是否认定工伤问题的复函》明确指出："无证驾驶车辆发生交通事故而造成负伤、致残、死亡的，不应认定为工伤。"

基于上述考虑，最高人民法院行政审判庭于2010年12月14日作出（2010）行他字第182号《关于职工在上下班途中因无证驾驶机动车导致伤亡的，应否认定为工伤问题的答复》，该答复中明确指出："职工在上下班途中因无证驾驶机动车、驾驶无牌机动车或者饮酒后驾驶机动车发生事

故导致伤亡的，不应认定为工伤。”新疆维吾尔族自治区高级人民法院生产建设兵团分院在审理李采山花因劳动和社会保障行政确认请示一案时，涉及职工无照驾驶无证车辆在上班途中受到机动车伤害死亡能否认定工伤的问题，于2011年4月向最高人民法院请示，最高人民法院行政审判庭于作出明确指示：“在《工伤保险条例（修订）》施行前（即2011年1月1日前），工伤保险部门对职工无照或者无证驾驶车辆在上班途中受到机动车伤害死亡的，不认定工伤的，不宜认为适用法律、法规错误。”

三、应当注意的问题

人民法院在处理此类案件时，应当注意以下几个问题：

（一）注意案件发生的时间问题

国务院于2010年12月20日对《工伤保险条例》进行了修订，修订后的《工伤保险条例》第十四条第（六）项规定，在上下班途中，受到非本人主要责任的交通事故或者城市轨道交通、客运轮渡、火车事故伤害的，应当认定为工伤。该条修订后对原上下班途中的工伤认定范围既有扩大又有缩小。将认定范围从原来的上下班途中机动车事故伤害调整扩大到交通事故（含非机动车交通事故）以及城市轨道交通、客运轮渡和火车事故伤害。但增加了非本人主要责任的交通事故这一条件，从这一方面将原有范围有所缩小。据此，《工伤保险条例（修订）》施行前（即2011年1月1日前），工伤保险部门对职工无照或者无证驾驶车辆在上班途中受到机动车伤害死亡的，如果已作出不认定工伤的决定，人民法院一般不宜判决撤销，驳回诉讼请求为宜。如果已作出认定工伤的决定，为维护社会的稳定，也不宜判决改变。工伤保险部门在《工伤保险条例（修订）》施行时或者施行后，作出处理的，应当按照《工伤保险条例（修订）》进行审查。

职工在工作时间内，因工作原因，因交通事故受到伤害的，《治安管理处罚法》施行后，《工伤保险条例（修订）》施行前，除犯罪、醉酒、自杀或者自残外，一般应当认定为工伤。《工伤保险条例（修订）》施行后，除故意犯罪、醉酒或者吸毒、自杀或者自残的外，一般也应当认定为工伤。

（二）注意认定非本人主要责任的依据

根据《工伤保险条例（修订）》第十四条第（六）项规定，在上下班途中，因交通事故受到伤害的职工，是否是非本人主要责任，是构成应否认定为工伤的重要条件之一。

司法工作热点问题研究

民事执行分权运作及流程管理模式探究

余德厚　袁　晶*

内容提要：近年来各级、各地人民法院都在积极探索，力求找到攻克“执行难”的良药，找到一条执行权运行的最佳途径。但是，目前法院的执行工作仍然存在执行权运行不畅，缺乏有效监督，执行效率不高，执行案件终结不规范等问题。有鉴于此，本文对执行权运行机制进行了重新设计，将执行权分为实施权和裁判权，裁判权由法院审判监督庭行使，实施权仍由执行局行使，以实现分权制衡、监督制约；并对重新设计后的执行局内部立案、结案及后续管理工作作全面规划，提出执行流程管理和终结案件后续管理等制度，以实现执行权顺畅运行。

一、执行权运行存在的问题及成因分析

（一）执行权运行不畅

1. 司法权配置不合理，人民法院财产查控职能有限

由于《民事诉讼法》及相关法律法规没有明确民事执行调查的责任主体、调查举证范围及法律责任，导致法院执行手段单一，怠于履行调查职能，采取强制措施的案件比例不高，穷尽执行手段以充分保护当事人实体

* 海南省洋浦经济开发区法院审判员。

权利的要求没有得到充分体现。

2. 执行实施权过于集中

某些法院的执行模式，仍是民事审判模式的简单套用，由一名承办法官负责从审查材料、查封财产到财产变现结案的整个执行过程。这种模式缺乏规范化的监督管理及考核标准和手段，法官工作量和自主权大，随意性强，可能导致一些案件的执行超出时限甚至有所遗漏。

3. 法定立案条件与执行规律相悖

《最高人民法院关于人民法院执行工作若干问题的规定》规定法院对执行立案条件只作程序审查，不作实质审查。因此，在被执行人根本无财产可供执行的情况下，法院将面临两难，根据法律的规定法院必须立案，但是立案后又只能作终结处理，对于申请人来说根本没有解决实际问题。

（二）缺乏有效监督

在现行“个人承办式”的执行模式下，会导致部分法官出于结案压力、结案率等因素考虑结案，不主动穷尽一切可以采取的措施来发现被执行人财产，而是简单适用执行退出机制，将案件作结案处理，导致结案质量不高，结案标准不统一，绝对执结率和兑现率不高。

（三）执行效率不高

目前多采取个别查找方式查找被执行人财产，属于典型的“单兵作战”方式。受财产种类繁多，登记制度不完善，执行工作涉及地域广、工作强度大等因素影响，依职权查找的力度和广度都较为有限，习惯并偏重和依赖申请人提供财产线索。

（四）执行案件终结不规范

1. 终结处理不规范、随意性较大

在执行实务中，对于如何穷尽执行调查措施、对案件作终结处理需要哪些程序、证据和手续等问题，《民事诉讼法》及相关法律、司法解释都没有作出明确的规定，导致执行人员理解不一，认定标准难以准确把握。

2. 少数终结执行案件质量不高、执行力度不够

少数案件被执行人有一定履行能力，但因执行力度不够而未能有效执结。一是查控被执行人财产力度不够。二是部分执行法官认为终结执行是解决执结率低的“灵丹妙药”，平时工作怠于采取执行措施，片面强调申请人的举证责任，案件到期不能执结时就动员当事人撤回执行申请或“附

条件放弃执行”。

3. 部分执行案件告知事项不全面、不充分、不及时

有的执行法官未按时或及时告知申请执行人对被执行人进行财产调查的情况，对在法定期限内不能执结、需要延长执行期限的案件，有的执行人员没有及时告知申请执行人，也未说明理由和即将采取的措施，使当事人产生了合理怀疑，影响执行权威。对于符合终结执行情形的案件，有的办案人员，因怕当事人上访闹事等原因，在作出终结执行裁定后，不敢将裁定书送达申请执行人，“隐形”终结执行案件。

二、民事执行权运行机制的构建

（一）民事执行权运行机制重新设计

当前法院的执行局多内分为执行裁判庭、执行实施处、综合处或者相类似的机构，但由于都是由执行局统一管理，在分权方面大多名存实亡，没有发挥其应有的效用，有的只是为了解决干警的职级待遇问题，根本没有起到分权制衡、监督制约的作用。因此，笔者认为应当从根本上改变当前法院执行权的配置模式，把执行裁判权分离出执行局，由审判监督庭负责行使，只保留执行实施权在执行局，两种权力分属不同业务部门行使，并由不同的院领导分管，充分发挥分权制衡、相互监督的作用。具体设计如下：

1. 民事执行裁判权的行使机构——审判监督庭

审判监督庭具体实施下列职权：（1）审查裁定案件的中止、终结执行；（2）审查确认当事人的执行和解协议；（3）审查申请人对执行局立案处理提出的异议；（4）审查执行当事人及执行关系人就执行程序提出的异议；（5）审查案外人对执行标的的权利归属提出的异议；（6）审查第三人对执行到期债权的异议；（7）审查当事人对执行局采取的强制措施及执行措施提出的异议；（8）审查当事人对执行局人员消积履行职责提出的异议。审判监督庭行使裁判权，原则上以执行当事人、案外人、执行关系人、执行局的申请为前提条件。

2. 民事执行实施权的行使机构——执行局

执行局具体实施下列职权：（1）执行权登记；（2）执行调查权；（3）决定和实施拘留、罚款、拘传、查封、扣押、冻结、强制搬迁等措施；（4）负责对执行标的物的委托评估、拍卖、变卖和以物抵债；（5）送达审

判监督庭作出以外的其他法律文书；（6）交付执行标的物和执行款物；（7）对被执行人的财产进行保全。

执行局内部可分设：（1）综合处；（2）财产调查处；（2）强制执行处；（4）结案处。

（二）理顺民事执行权的具体运作

1. 建立执行申请权登记制度

（1）申请执行人向人民法院申请执行，必须预先进行执行申请权登记，执行申请权登记是申请执行的必经程序。申请人申请执行登记时，立案庭只作形式审查，只要符合现行《民事诉讼法》的规定即可给予登记。只有经过申请登记的案件才可正式立案，日后在立案时不再进行申请时效的审查。

（2）申请人进行执行申请权登记的，立案部门发给《执行申请权登记凭证》（以下简称《凭证》）。该凭证应详细载明申请执行人名称、被执行人名称、住所，申请执行依据，申请执行标的，法院予以登记的日期。

（3）执行局应当对日后每次立案受理的情况和实际执行结果在《凭证》上加以记载。

（4）申请人发现被执行人有履行能力的，可随时持《凭证》到立案庭申请立案，执行局财产调查处经调查被执行人有完全或部分执行能力的，立案庭给予立案，案件转入执行局强制执行处执行；如申请执行人提供不出被执行人的财产状况或线索，执行局依职权调查仍查找不到被执行人的财产状况的，则不予正式立案。以后只要申请执行人一旦发现被执行人有可供执行的财产或线索，可随时持《凭证》向人民法院申请立案执行。

2. 建立执行流程管理制度

（1）立案后，执行局综合处应在5日内完成收案登记、案件录入、分发案件、制作并发出执行通知书、执行传票、被执行人须知、财产申报表等法律文书；被执行人下落不明或者被执行人地址不实导致法律文书无法送达的，应当在30日内统一办理公告送达手续。

（2）综合处完成规定程序后，案件移交到财产调查处。财产调查处要在五日内完成与被执行人的第一次谈话，15日内完成统一查找被执行财产的工作；收到财产线索10日内完成查封控制工作。如果执行双方当事人在财产调查期间达成和解协议或被执行人自愿履行、且全部兑现的案件，财产调查处可作结案处理。其收案后45日内，期满案件必须转入强制执行处。

（3）如果财产调查处查控的财产不能全部兑现或者认为被执行人无财产可供执行，强制执行处应当继续调查。强制执行处经执行，案件全部实际执结的，做结案处理。其收案后2个月期满案件必须转入结案处。

（4）案件部分执结或者强制执行处经查被执行人无财产可供执行的案件，转入结案处执行。结案处在继续调查后，仍不能实际执结的案件，将案件形成完整的执行卷宗，移送审判监督庭审查是否应当裁定终结执行或终结本次执行程序。

（5）案件从上一机构（流程）流转到下一机构（流程），除非案件存在质量问题，否则不再倒回流转。下一流程在接收案件时，分别在办案期限及案件质量上对上一流程的执行情况进行验收和监督。案件无论进入哪个机构（流程），都应当把相关工作情况及结果告知申请执行人，并由申请执行人签字确认。

3. 完善终结执行制度

（1）适用终结执行前应做到执行穷尽

首先，应穷尽执行程序。执行局应依照法律规定的程序公正执行，追求“执行程序和执行结果”并重，甚至“执行程序优先”的价值目标。在法定期限内应向申请人发出查报财产通知书，向被执行人发出执行通知书和财产申报令等，让申请执行人参与到执行程序中来，使当事人能及时了解案件的执行进展情况、工作措施、所遇到的困难以及法官行使权力的法律依据，同时也让申请执行人尽可能地表达意见，对整个执行过程进行监督。

其次，应穷尽调查手段。当前，执行局可通过申请执行人查报财产、被执行人申报财产、案外人举报被执行人财产，并依职权进行必要的财产调查等方式，全方位地调查被执行人所有的财产及财产性权利。同时要善于发现被执行人转移、隐匿财产的线索与迹象，防止有能力履行的当事人逃避执行。

再次，应穷尽强制执行措施。执行局应依法采取与案件情况相适应的执行措施，如查封、扣押、冻结、扣留、限制出境等控制性执行措施；划拨、提取、拍卖、变卖、以物抵债等处分性执行措施；以及对特定物的强制交付、对不动产的强制管理、强制迁出房屋与退出土地、公告限制高消费、悬赏执行、审计执行、执行听证、以劳务抵债、以经营权抵债等执行措施。只有在执行机构已经穷尽了应当采取的强制执行措施后，才能最终确定被执行人有无履行能力。

最后，应穷尽执行制裁措施。现有的执行制裁措施主要有拘传、罚款、司法拘留、刑罚处罚，要用足、用准法律赋予的执行制裁措施。

（2）严格终结执行的条件和手续

首先，必须依照法定程序履行了法定职责和手续，穷尽了法定强制执行和制裁措施，完成了规定动作，依法调查了被执行人的财产状况和生产生活情况，仍未发现有可供执行财产或到期债权，整个执行过程必须要有记录，便于当事人查阅和执行裁判庭审查。

其次，终结前应续行调查，并履行告知、释明义务，向申请执行人反馈案件执行情况，申请执行人表示在一定期限内不能向法院提供其所了解的被执行人的财产状况或线索。

再次，因被执行人确无财产可供执行而终结执行的，务必要依法对被执行人的住所等可能藏匿财产的处所进行搜查，不能仅凭一纸居（村）委会或单位证明附卷。

最后，必须把执行案件形成完整的卷宗材料，移送审判监督庭审查，由审判监督庭作出是否终结执行的裁定。

4. 完善终结执行案件的后续管理制度

（1）建立被执行人定期申报财产或收益制度

应建立被执行人向执行局定期申报财产制度。被执行人应每六个月申报其经营状况，财产变动情况，并接受执行局询问；对于新取得的财产或收益，被执行人应立即补充申报。

（2）加强日常管理，定期调查取证

对于终结执行程序的案件，执行局应当单独统计和管理，建立台账，注明案号、案由、当事人及联系方式、执行标的、终结时间等内容。执行局定期对该类案件进行调查取证，对可以立案执行的，及时通知申请人办理立案手续，恢复案件执行。

（3）依申请执行人的举证，随时办理恢复执行立案手续

债权人重新申请执行的条件是发现被执行人有财产可供执行，根据申

请人的举证能力又可分为两种情形：其一，债权人能够提供被执行人具体财产情况的，可持生效法律文书、终结裁定书、《凭证》和该财产的权属证明等证据材料，直接到立案庭申请重新立案。其二，债权人只能提供被执行人财产具体线索的，可持生效法律文书，终结裁定书、《凭证》和该财产线索的证据材料，到执行局申请调查，执行局应当进行相应的调查，经查证属实的，予以立案恢复执行，经查证不属实的，不予立案。

我国民事强制执行中适用当事人不平等主义的思考

肖　凯　龚　帆*

近年来，随着我国民事诉讼法的发展，当事人平等主义理念已逐渐深入到民事诉讼的各个领域，随着2007年《民事诉讼法》的修订，在民事执行领域也建立了执行复议机制，完善了执行异议制度，使我国的民事执行制度进一步得到完善，对保障当事人合法权益，促进程序正义起到了很好的效果。但随着这些相关制度的完善，学理界似乎有一种在民事强制执行中扩大适用当事人平等主义的趋势，过分强调对债务人权益的保障，弱化债权人的法律地位。忽视了民事诉讼过程中，诉讼阶段与强制执行阶段双方当事人所处的不同法律地位所致的权利义务差异。长此以往，在我国目前法制环境尚未健全，诚信体制尚未建立的前提下，必将使法院的强制执行工作难以开展，使“执行难”问题难以得到根本解决。本文旨在明确一种理念：在现阶段，我国的民事强制执行制度的完善，以及不久将来民事强制执行法的制定必须是构建在双方当事人不平等主义的基础之上。

* 广东省广州市中级人民法院法官。

一、强制执行中当事人平等主义与当事人不平等主义简述

（一）两种主义的概念

在强制执行中，作出如此区分是以执行过程中双方当事人的的法律地位作为标准的。我们认为，在执行过程中，债权人与债务人权利义务没有差别的就被称为当事人平等主义，也叫做同等或同视主义。反之，债权人与债务人权利义务存在差别的就被称为当事人不平等主义，又可称为不同等或异视主义①。

（二）当事人不平等主义在执行工作中的运用

当事人不平等主义体现在具体执行工作中，就是指执行机关及其执行人员要依据法律的规定，以充分实现执行依据（执行名义）所确定的债权为己任，把工作重心放在保护和实现债权人合法权益方面。它包括三层含义：第一，对债权人利益的保护须“合法”，“合法保护”是前提。第二，对债权人合法利益要“及时全面”，“及时全面保护”是主旨。第三，在债权人与债务人利益发生矛盾时，要侧重于保护债权人利益。强制执行措施的基本功能表明，执行案件一旦立案，执行机关和执行人员的基本任务就是运用法律许可的一切方法和手段敦促或强制债务人履行义务，尽快尽可能充分地兑现债权人的债权。因此，及时全面实现债权人的债权，应当成为执行机关及执行人员的基本职责和追求目标。

“目的是全部法律的创造者”② 强制执行的首要目的是保障债权人利益的实现。从审判与执行的关系来看，民事审判是以对当事人争议的民事法律关系进行裁判的方式来确定权利义务关系的活动，而民事执行是通过强制义务人履行生效法律文书确定的义务来现实地实现债权人权利的过程。因为执行根据所确定的权利义务关系，在债务人不完全、适当、及时履行自己义务的情况下，债权人的利益无从实现，执行名义就可能成为“法律白条”。这无异于在向国民宣告法律的无能，社会信用就会恶化。强制执行作为保障当事人权益得以实现的最后手段，如果都无法确保权利的实现，不仅直接影响到当事人正当权利的实现，而且极大地损害了法律的权威，甚至由此动摇国民的法治信仰，其危害无论怎样评价都不过分。因此，强制执行必须能够保障债权人权利的实现。当然，在强调保障债权人

---

① 杨与龄：《强制执行法论》，中国政法大学出版社 2002 年版，第 20 页。

② 梁慧星：《为权利而斗争》，中国法制出版社 2004 年版。

权益实现的同时，也不应该忽略对债务人基本人权的保障。民事强制执行的终极目标在于衡量债权人与债务人双方的情况，既保障债权人的权利充分、迅速地得到实现，又使债务人的痛苦减轻到最低限度。这就意味着民事强制执行的目的，不仅在于以法律的强制来实现权利人的权益，而且要兼顾债务人的利益，保障其基本的生活需求得到满足。否则，如果强制执行之后的债务人流离失所，无异于将其逼到违法甚至犯罪的边缘，势必引发新的社会问题，危及社会的安定团结。因此，在强制执行过程中，当事人不平等主义也是建立在保障人权的宗旨之上，而且这种保障应该是平等的，而这种平等与强制执行中当事人不平等主义完全是两个层面的概念。

二、我国强制执行中产生当事人平等主义趋势的成因分析

（一）立法原因：我国一直未形成独立的民事强制执行法

由于我国一直以来未形成独立的民事强制执行法，有关民事强制执行的规定一直是作为民事诉讼法中的一部分，因此，民事强制执行工作一直是沿用民事诉讼法的基本原则。其中，自然也就包涵当事人平等主义。诉讼法是从整体上追求程序的正义，因此在制度设计方面更多强调双方当事人权利的平等以便保证对抗的公平从而实现判决的公正，而忽视了民事强制执行法在我国仍然是作为民事诉讼法的一部分而存在，民事诉讼法的基本原则自然将贯穿在民事诉讼的各个阶段，也就包括了执行阶段。从而使人产生误解，认为执行阶段也须遵循当事人平等主义原则。

（二）意识原因：保护私权利意识在强制执行领域的序位错位

由于我国很长一段时间处于封建制度中，建国后，立法进程一直比较滞后，直至改革开放，我国的法治进程才步入快车道。因此，在很长一段时期，我国国家公权力对私权力一直处于一种强势地位，公权力对私权利的侵犯很长一段时期也成为一种常态。改革开放后，在我国法治理念不断革新，人民民主意识不断觉醒，法治意识也不断增强的前提下，许多有识之士慢慢认识到，公权力必须要受到合理的规范，因此，我们的立法者在许多法律制度的设计上往往急于体现一种对公权力的限制意识，想通过法律使公权力与私权利的界限得到明晰，从而加大对私权利保护的力度。这一出发与变革，推动了我国物权法、国家补偿法等诸多实体法的立法进程，也推动了我国的法治进程的长足发展，在许多实体法领域收到了良好的效果。

但这种理念，现阶段在强制执行领域却不见得能够取得良好成效，原因无他，权利保护序位错位，反而欲速则不达。因为这一追求私权利保护的意识，在强制执行领域最为明显的表现就是过分强调保护债务人利益，而忽视了强制执行的本质。采取强制执行措施本就是要使债务人侵犯债权人合法权益的行为首先得到纠正，使倾斜的天平回归平衡。如果两者都需要保护，那么对债权人权益的保护序位也应该是优先于对债务人的保护序位，只有在债权人的基本权利得到维护的基础之上才能谈如何同时兼顾保护债务人权益。因此，债权人的权益保护是再谈保护债务人利益、执行要均衡适度等问题的一个基本前提。如果一个法治社会连基本的正常侵权行为都无法使其得到应有的纠正与衡平，又何从谈起保护第二层面的债务人权益，这岂不是一个买椟还珠的笑话。

（三）国情原因：强制执行立法中对法律主体素质意识的高估

我国目前处于市场经济的初期，在市场经济中作为主体的人，必定是作为经济人①而存在的，而经济人的最大特征就是追求自身利益最大化，在没有外在因素的限制下，经济人逐利的本性必然是无所不用其极，这就不可避免会有人为追求自身利益最大化而不惜损害他人的权益。但由于我国目前处在社会主义初期阶段，许多体制正处于摸索阶段，法制还不够完善，再加上法律本身的滞后性以及其他行政管理手段的欠缺，使这种经济人逐利本性的弊端更大程度的暴露出来，如近几年，生产安全、食品安全事故的频发，都是上述原因所致的一种综合表现，而这一系列原因反映在执行过程中就突出表现为自动履行率的低下，拒不履行生效判决、暴力抗法等行为违法成本低下。

在这种前提下，就必须依靠社会法制来规范人们的行为或者说是予人们以引导，使其在逐利的同时必须兼顾他人的合法权益、社会公共利益以及公序良俗等。而我们的强制执行措施，就应该看作是在法律能够管辖的有限范围内，作为被申请执行人的经济人仍然不当逐利时，对其予以强制调整的一种法律工具或手段，使本应履行的债务得以履行，维护社会最最简单的公平正义。

而我们目前在强制执行立法中对权利主体，特别是对被申请执行人的

① 曼昆：《经济学原理》，北京大学出版社1999年版，第7页。

出发点是认为，大家都是具备基本道德素质、明确自身权利义务的知法、守法的公民。说得通俗一点，立法者认为大家都是而且应该是良民。在这种假设前提下，我国民事诉讼法中许多有关强制执行的规定处处体现着对被申请执行人的平等与保护，如要求当事人自行申报财产，发出执行通知书告知被执行人权利义务等等，在这种制度的设置之下，得到的结果往往是《执行通知书》变成“逃债通知书”，自行申报财产变成转移财产等。在我国配套的社会诚信制度未健全的基础上，立法者想用公民的道德标准去要求一个逐利的经济人履行公民义务，并期待该以逐利为本性的经济人能够自觉用道德标准来进行自律，其效果可想而知。而在此时，我们有的学者忽视司法实践中普遍存在的低于20%的自动履行率，仅理想认为债权人有国家公权力帮助实现债权，债务人是处于弱势地位，从平等、人权保护等角度出发过分地强调债务人的权利保护。殊不知在司法实践中，债权人反而多是遵纪守法之民，大部分债务人却多是钻法律空子的人。而我们的强制执行法律制度却还在不断完善保护债务人权利的条款，实在令人费解。

三、在我国民事强制执行中应当贯彻当事人不平等主义理念的原因

（一）双方当事人在民事强制执行阶段与民事诉讼阶段的法律地位差异

民事强制执行与民事诉讼有着本质上的区别，在诉讼与执行阶段双方当事人法律地位的差异，也就意味着各自享有的权利、承担的义务也应不一样。在诉讼阶段，双方当事人之间的实体权利义务并未通过法院判决予以明确，无论原告被告均被视作对等的主体，法院只是作为居中裁判者，双方当事人之间通过举证、辩论，互为攻守，以期得到公平裁判。双方当事人之间和人民法院的关系如呈等腰三角形形态：当事人双方分别位于等腰三角形左右两边的底角上，处于平等的对抗状态。而法院作为裁判者居于等腰三角形的顶角，处于居中裁判位置。由于诉讼双方处于对抗状态，因此，人们常把诉讼比作战争。与真实战争不同的是，在“民事诉讼战争”中，法律赋予当事人双方平等的诉讼权利进行“攻击”和“防御”，此为“静态的平等”；作为“战争”裁判者的法官必须保证双方平等地行使诉讼权利，此为“动态的平等”。“动”“静”结合，以从程序上保证战争（判决）结果的得出是公正的。当事人之间的这种“武器平等”就是诉

讼权利平等，而双方当事人与法院保持着相等的司法距离，则为诉讼地位平等。在诉讼阶段，原告与被告在诉讼上的称呼不同，但地位并无优劣之分，而且被告也可以提出反诉，并因此成为反诉中的原告，本诉中的原告则因此成为反诉中的被告。可见，在诉讼阶段，民事诉讼所解决的对象首先是民事权利义务争议。民法所调整的社会关系的性质决定主体法律地位的平等这一“公理性原则”①，而这一“公理性原则”也必然要求在民事纠纷解决的领域中得到具体体现和延伸。其次，当事人诉讼地位平等是诉讼公正的前提和保证。平等原则要求法官在裁判前，应完全撇开当事人双方是否“有理”，平等地保障双方行使其诉讼权利，以便形成立场上的对立性和竞争性②，以保证诉讼是在平等、公正的情形下进行的。在这种情况下，当事人平等的诉讼地位的保障，就显得尤为重要。

而在强制执行阶段中，由于当事人的权利义务已通过生效判决予以确认，此时债权人对债务人的给付享有请求权，并期待债务人在法律设定的期限内自动履行，而在经过自动履行期限仍然不履行的，为迅速实现债权人的权益，法律自然应偏重对债权人权益的保护，不宜使债务人与债权人处于同等的地位。由上可知，在诉讼中的当事人平等主义原则在强制执行阶段已不宜使用，在强制执行阶段应采取的是当事人不平等主义。

（二）当事人不平等主义是对该民事诉讼法中平等原则的延伸和发展

当事人不平等主义，不是对“保护债务人合法权益”的否认，而是对我国民事诉讼法中平等原则的延伸和发展。我国《民事诉讼法》第八条规定：“民事诉讼当事人有平等的诉讼权利。人民法院审理民事案件，应当保障和便利当事人行使诉讼权利，对当事人在适用法律上一律平等。”本条是关于民事诉讼权利平等原则的规定。我国宪法明确规定，中华人民共和国公民在法律面前一律平等。本条规定民事诉讼当事人有平等的诉讼权利，人民法院对诉讼当事人在适用法律上一律平等，这是宪法规定在民事诉讼法上的体现。民事诉讼法第八条规定主要包括以下三个含义：一是民事诉讼当事人有平等的诉讼权利，主要表现在不论当事人的职业、社会地位、民族、国籍等的不同，也不论当事人为法人还是个人，只要他们作为民事诉讼的当事人，其诉讼权利是平等的。二是人民法院应当保障和便利

① 常怡：《比较民事诉讼法》，中国政法大学出版社2002年版

② 陈桂明：《诉讼公正与程序保障》，中国法制出版社1996年版。

诉讼当事人行使诉讼权利。所谓“保障诉讼当事人行使诉讼权利”，是指人民法院在审理民事案件时，要使当事人的诉讼权利能够切实得到行使。而“便利诉讼当事人行使诉讼权利”，是指人民法院在审理民事案件时，要给当事人提供必要的便利条件，以便当事人行使其诉讼权利。三是人民法院对诉讼当事人在适用法律上一律平等。人民法院在审理民事案件时，对于当事人，不分民族、种族、性别、职业、社会出身、宗教信仰、教育程度、财产状况、居住期限，在适用程序法和实体法上要一律平等，不允许有任何特权。

而强制执行过程中的当事人不平等主义意味着，在债务人不及时履行债务，损害债权人利益的前提下，国家使用公权力使被债务人破坏的权益平衡回复到原来的平衡状态，从而给遵纪守法的债权人以最大的保护，此处债务人地位的不平等正是由于其自身违法，不自动履行生效判决所确定的义务，从而首先打破了对于相对方申请执行人的利益平衡而导致的国家强制执行力的干预，使受到损害的平等当事人的权益回复原状，这一过程的本身就是对公平平等的最好诠释。而且，如前所述，当事人不平等主义的前提是“合法”，既然是“合法”，那么依法应由债务人（被执行人）享有的权利和权益，也就必然要给予尊重和保护，否则即构成违法。当事人不平等主义的优点在于，在坚持唯物辩证法“两点论”的基础上，突出了“重点论”，使其与强制执行法的基本功能和价值取向相吻合。

（三）从资源的法律配置和市场配置来看，当事人不平等主义更加符合法律的资源配置功能

法律作为上层建筑，必须要适应社会经济的发展。我国目前是实行市场经济，这也就意味着市场是引导分配资源的主要工具，法律是作为一种二次分配资源的手段。这正如理查德·波斯纳在《法律的经济学分析》中所提到的，“我们已经清楚看到，许多诉讼判决的终极问题是：什么样的资源配置才能使效率最大化，在正常情况下，这一问题是由市场来决定的；但在市场决定成本高于法律决定成本时，这一问题就留给法律制度来解决了”。[①] 这也就是说，法律也用等同于机会成本的代价来引导人们促成效率最大化。在强制执行措施是对不履行法律义务所实施的救济手段的情

① 理查德·波斯纳：《法律的经济学分析》，大百科全书出版社1995年版，第677页。

况下，被执行人所承担的不利后果（包括执行费用、延迟履行罚金、违法成本等）的作用并不是仅仅为了强制人们服从法律，而是为了强制被执行人支付相当于违法机会成本（或者说不履行法定义务）的代价。如果这种代价低于他从不法行为（不履行法定义务）所取得的价值，那么只有他不履行法定义务才能使效率最大化，在实际上就等于鼓励他这样去做；如果相反，效率就要求他积极履行法律义务，而且，强制执行措施就为之提供了恰当的激励。

（四）当事人不平等主义有利于在执行司法实践中实现执行的效率目的

民事执行程序与民事诉讼程序是不同的两类程序，由于强制执行的性质使然，在执行中，效率是第一位的价值目标，实现债权人的权利是民事执行制度的首要目的，因此，谋求债权人权利的迅速满足是民事强制执行首先应考虑的因素。

实行当事人不平等主义则是民事执行中效率原则主要体现。在强制执行程序中只是保证生效判决结果的实现，因此无需采取双方当事人辩论、对抗的形式，而由债权人申请，法院予以执行；期间也不需要等待被执行人的答辩、辩论，人民法院依执行根据采取强制执行措施时，并不要求申请执行人充分举证证明，也无需法院查证某项财产确实属于被执行人所有或支配，更无需在执行程序中进行言辞辩论确认财产系被执行人所有，执行机关在执行中只须依通常的标准认定该财产属于被执行人所有就可予以执行。这也就充分保证了强制执行中的效率。而且对明确执行机关和执行人员的工作宗旨，指导执行机关和执行人员在强制执行活动中积极作为，具有十分重要的意义。同时，在执行过程中贯彻“当事人不平等主义”这一基本理念，还有利于全社会树立诚信意识，健全执行威慑机制，使被执行人明确自身法律地位，督促其消除侥幸心理，积极履行义务，这也将从侧面促进执行效率的提高。

四、当事人不平等主义在执行司法实践中的体现

在具体执行司法实践中，到底如何来贯彻当事人不平等主义理念，笔者想通过实证的方式来予以说明。其中，比较典型的就是对被执行人唯一房产的处理。在该类案件中，由于唯一房产的处理涉及申请执行人法定债权的实现及被执行人生存权的保护，双方利益冲突极为激烈，执行难度非常大。司法实践中，我们常常发现部分被告或被执行人在诉讼或执行阶段中为规避因败诉而被强制执行的法律后果，故意变卖动产或出卖多套房产，以使其现住房产成为唯一可供执行财产，还有部分当事人将原出租屋收回自住以对抗执行，另有被执行人住着高档别墅，却强调该别墅是唯一房产来对抗法院的执行。而我们许多法院对涉及唯一房产的执行案件的做法机械单一，只要一遇到被执行人的房产是唯一的，马上就裁定中止执行，完全不考虑个案的特殊情况。这样就很容易造成被执行人利用对法律的理解差异来逃避债务履行。对上述故意妨害执行的行为，我们认为就必须要贯彻当事人不平等主义，一经查明要敢于对当事人依法采取相应对妨害民事诉讼的强制措施，同时在保证被执行人最低生活标准的前提下要坚决执行其唯一房产。

五、结语

在目前执行形势严峻，“执行难”几乎成为民事执行工作“代名词”的情况下，在民事强制执行措施上我们也决不能“矫枉过正”，一味强调对债务人利益的保护与基本人权的保障而忽略了债权人正当权益的保障。应谨慎寻求两者之间的有机平衡、公平而非“平等”地保护执行当事人的合法权益，是民事强制执行法所要解决的重大课题。本文对执行中的当事人不平等主义的简要分析意在抛砖引玉，以期引起司法界同仁的关注和兴趣，并在我国的《强制执行法》立法时能予以完善。

新类型疑难案例选评

浦江希望农副产品配送有限公司诉浦江县财政局等政府行政采购案

马良骥*

【要点提示】

各级人民政府财政部门是负责政府采购监督管理的部门，依法履行对政府采购的监督管理职责。《中华人民共和国政府采购法》第五条规定："任何单位和个人不得采用任何方式，阻挠和限制供应商进入本地区和本行业政府采购市场。"对存在限制外地供应商进入等违法行为影响政府采购公正性的，各级人民政府财政部门作为监管部门可以终止采购活动行为。

【案情简介】

原告：浦江希望农副产品配送有限公司。

被告：浦江县财政局、浦江县公共资源交易管理委员会办公室。

第三人：浦江县教育发展服务中心。

2009年7月8日，浦江县教育发展服务中心作为采购代理人向社会发布《浙江省浦江县食堂食品项目招标公告》并附《浦江县教育系统食堂食品配送项目招标文件》，就浦江县教育系统相关学校的食堂食品配送实施集中公开招标，招标公告中明确写明：根据《中华人民共和国政府采购法》、《中华人民共和国农产品质量安全法》、《餐饮业和集体用餐配送单位卫生规范》及《浙江省教育厅浙教计（2009）42号》文件的要求，为确保浦江县教育系统有关学校食堂食品配送工作顺利进行，受浦江县教育系

* 浙江省高级人民法院行政庭法官。

统有关学校委托，就2009年浦江县教育系统食堂食品配送项目进行公开招标。原告获知招标信息后向其进行了投标，通过法定的考察、考核程序后，浦江县采购办发布预中标结果，确定原告为第一中标候选人，浦江县春蕾农产品配送有限公司为第二中标候选人。随后，春蕾公司向中心投诉，称中心在对原告的考核中存在审查不当、误给分值，要求予以纠正。中心经核实，认为春蕾公司的质疑缺乏事实根据并给予回复。因该项目系由浦江县教育发展服务中心申请，县教育局同意，经财政局批准，资金来源为财政性资金。春蕾公司遂向被告浦江县财政局、浦江县公共资源交易管理委员会办公室投诉，二被告于2009年10月23日对中心作出了《关于终止浦江县教育系统食堂食品配送项目采购活动的决定》，并抄送原告。在上述决定中，被告认为招标公告第三条第一项："报名企业（公司）须为金华市域内有资质的配送企业（公司）"，与《政府采购法》第五条规定不相符，基于这一认定，被告根据《政府采购法》第五条、第七十一条、第七十三条的有关规定，终止了浦江县教育系统食堂食品配送项目的采购活动。原告浦江希望农副产品配送有限公司不服，遂以浦江县财政局、浦江县公共资源交易管理委员会办公室为被告向浦江县人民法院提起行政诉讼。

【审理结果】

浦江县人民法院经审理认为，被告浦江县财政局作为政府采购活动的法定监督机构，被告浦江县公共资源交易管理委员会办公室作为浦江县人民政府对政府采购活动进行管理的行政部门，具有对本县政府采购工作实施监督管理的职责。本案所涉项目部分资金属于财政性资金，故应属《中华人民共和国政府采购法》适用范围。两被告对浦江县教育系统食堂食品配送项目采购中存在的违法问题进行监督管理，是履行职责的行为，作出的终止该项目采购活动的决定的主体适格。两被告作出的决定，符合法律规定，认定事实的证据充分。据此，判决维持浦江县财政局和浦江县公共资源管理委员会办公室作出的《关于终止浦江县教育系统食堂食品配送项目采购活动的决定》。

浦江希望农副产品配送有限公司不服，向金华市中级人民法院提起上诉。

金华市中级人民法院经审理认为，原审判决认定事实清楚，适用法律正确，审判程序合法。据此，判决驳回上诉，维持原判。

[评析]

政府采购行政案件审理中的几个问题

一、政府采购中“财政性资金”的认定问题

政府采购是一种由特定主体出于公共目的，依据严格的法定方式、方法和程序，在财政监督下使用财政性资金所实施的特殊消费行为。它较之于私人采购行为，政府采购的一个基本特征是采购人的特定性，该特定性主要体现在两个方面：其一，政府采购人一般须依法成立并经批准才能进行政府采购活动；其二，政府采购人使用财政性资金支付相关商品、服务、工程的价款和费用。《政府采购法》第二条规定，政府采购是指“各级国家机关、事业单位和团体组织，使用财政性资金采购依法制定的集中采购目录以内的或者采购限额标准以上的货物、工程和服务的行为。”该规定明确了，政府采购人依法开展的政府采购项目资金应当为“财政性资金”，但是对于“财政性资金”的概念范畴并没有作进一步的解释说明，其后发布的法律、规定和通知等，尽管强调了加强对使用财政性资金进行政府采购监管，但并没有对此概念作出明确统一的解释。在本案中，原告主张浦江县教育系统食堂食品配送项目不属于《政府采购法》的适用范围，其理由之一就是对采购资金中包含财政性资金产生质疑。笔者认为，财政性资金包括政府财政预算资金和纳入财政管理的其他资金。本案所涉项目系由浦江县教育发展服务中心申请，县教育局同意，经浦江县财政局批准的，且浦江县各学校的伙食费，适用的都是非税收入统一票据，非税收入是财政收入的组成部分。综上，本案中用于支付项目的资金应当是财政性资金。

二、政府采购中的监管主体问题

政府采购使用的是国家财政资金，来自千千万万的纳税人，采购资金具有公共性。政府在采购资金使用过程中，履行的是公共托管人的角色。采购资金的公共性决定了政府采购要加强公共管理，实行公共管理的职能，使公共利益得到保护。因此，通过对政府采购行为的监管有利于维护市场竞争秩序，规范政府采购行为；有利于促进供应商竞争，提高产品质量和服务水平；有利于维护政府形象，促进政府的廉政建设。在本案中，浦江县财政局系浦江县人民政府的财政部门，依照《中华人民共和国政府采

购法》第十三条“各级人民政府财政部门是负责政府采购监督管理的部门，依法履行对政府采购的监督管理职责”，浦江县财政局依法对该行政区域内的政府采购享有监督管理的职责。

三、本案中两被告是否具有终止采购活动的法定职权

关于两被告是否具有终止采购活动的法定职权存在着两种不同的观点。一种观点认为，两被告不具有终止采购活动的法定职权，认为其作出关于终止浦江县教育系统食堂食品配送项目采购活动的行政决定是越权行为。另一种观点认为，在招标过程中被告浦江县财政局、浦江县公共资源交易管理委员会办公室收到了其他配送公司的投诉举报，因招标公告中的第三条“投标人资格条件”中的第一项“报告企业须为金华市域内有资质的配送企业”这一条严重违反《政府采购法》第五条的规定：“任何单位和个人不得采用任何方式，阻挠和限制供应商进入本地区和本行业政府采购市场。”因此，浦江县教育发展服务中心的此项行为，已经影响到中标、成交结果，被告针对本次政府采购招标行为的违法情形，根据《中华人民共和国政府采购法》第七十三条第（一）项之规定，终止浦江县教育系统食堂食品配送项目采购活动，认定事实清楚，适用法律正确。笔者，原则上赞同后一种观点，但要指出的是：浦江县财政局在浦财采（2009）14号《关于终止浦江县教育系统食堂食品配送项目采购活动的决定》上加盖公章，作出该具体行政行为主体适格。浦江县公共资源管理委员会作为被委托单位，其只能以委托单位的名义对外作出具体行政行为。因此，浦江县公共资源管理委员会办公室在浦财采（2009）14号《关于终止浦江县教育系统食堂食品配送项目采购活动的决定》上加盖公章，作为对外行使政府采购监督管理职权的行政主体有所不妥。

金连芬不服执行异议裁定申请复议案

邓德荣[*] 代贞奎[**]

【案情简介】

2007 年 10 月 11 日，刘伟驾驶河北省南皮县长江汽车运输队所有的冀 J56269 号重型半挂牵引车和被执行人泊头市长领汽运服务中心（以下简称长领汽运中心）所有的冀 JM312 号平板半挂车，在重庆市巴南区发生交通事故，造成两人死亡。受害人秦德渝、周正安、陈元强等起诉要求赔偿，重庆市巴南区人民法院于 2008 年 6 月作出（2008）巴民初字第 1922 号、1948 号、1949 号、3101 号的四份民事判决书，判决被告李荣吉、长领汽运中心连带赔偿前述受害人共计 1510723.42 元。李荣吉、长领汽运中心不服，提出上诉。重庆市第五中级人民法院判决驳回上诉，维持原判。因二被告拒绝履行生效判决确定的义务，受害人秦德渝等向巴南区人民法院申请强制执行，该院将四案合并执行。执行中，委托河北省泊头市人民法院执行，泊头市人民法院以被执行人在其辖区未发现有可供执行的财产为由将案件退回。巴南区人民法院在执行中查明，长领汽运中心是刘国领（又名刘洪峰）于 2003 年 1 月 13 日投资设立的个人独资企业。2005 年 4 月 18 日刘国领将该企业全部转让给金连芬（刘国领与金连芬原为夫妻关系），2008 年 10 月 28 日，金连芬又将该企业转让给刘洪峰，2009 年 2 月 17 日，该企业再次转让给张占强，三次转让均办理了工商变更登记。2008 年 1 月 11 日，长领汽运中心向泊头市人民法院起诉刘国营、刘伟汽车买卖合同纠纷一案，请求确认冀 JM312 号挂车的所有权人为二被告，判令二被告办理过户手续。泊头市人民法院于 2008 年 4 月 25 日作出（2008）泊民初字第 60 号民事判决书（刘伟缺席），判决该车辆归刘伟所有，并驳回长领汽运中心的其他诉讼请求。

* 重庆市第五中级人民法院审判监督庭副庭长。

** 重庆市第五中级人民法院研究室审判员。

【审理结果】

由于长领汽运中心无财产可供执行，2011年6月7日，巴南区人民法院作出（2011）巴执恢字第61-2号执行裁定书，裁定追加金连芬为被执行人，冻结其银行存款195万余元。金连芬不服，提出执行异议，巴南区人民法院作出（2011）巴执字第12号裁定，驳回其执行异议。金连芬仍不服，以其不是长领汽运中心实际经营人或实际投资人，肇事车辆的实际车主是刘伟，且已经泊头市人民法院民事判决书确认，原执行裁定书适用法律错误、程序违法为由向重庆市第五中级人民法院申请复议。

重庆市第五中级人民法院认为，金连芬作为事故发生时长领汽运中心的投资人，应当对长领汽运中心的债务承担清偿责任。金连芬在事故发生后不主动承担履行清偿义务，而是将长领汽运中心转让给他人，系逃避债务的行为，执行法院裁定追加金连芬为被执行人，符合《最高人民法院关于执行工作的规定（试行）》（以下简称《执行工作规定》）第七十六条之规定。且，本案执行依据的案由是道路交通事故人身损害赔偿纠纷，而泊头市人民法院判决是汽车买卖合同纠纷，二者不属同一法律关系，金连芬如不服生效判决可通过审判监督程序处理。综上，金连芬申请复议的理由不能成立，根据《中华人民共和国民事诉讼法》第二百零二条及《最高人民法院关于适用〈中华人民共和国民事诉讼法〉执行程序若干问题的解释》第五条之规定，裁定驳回金连芬的复议申请。

［评析］

个人独资企业经营转让后原债务的承担

本案涉及个人独资企业[①]经营转让后，如何确定原债务的责任主体及其适用的程序。

一、责任主体的确定

本案中，侵权之债成立后，肇事车辆经其他法院生效判决确认所有权发生转移，原所有人是否免除赔偿责任，个人独资企业经多次合法转让后，如何确定侵权赔偿判决既判力主观范围的扩张范围，即企业转让前的债务谁承担？

① 《最高人民法院关于适用〈中华人民共和国民事诉讼法〉若干问题的意见》、《最高人民法院关于执行工作的规定（试行）》中的"私营独资企业"及其"业主"在个人独资企业法中分别称为"个人独资企业"及其"投资人"，笔者认为，《个人独资企业法》的称谓更为准确。

(一)交通事故发生后，肇事车辆所有权转移不能导致赔偿责任的转移

一般情况下，交通事故致人损害的，由车辆所有人承担损害赔偿责任，只有车辆所有人因各种原因丧失运行支配及运行利益时，车辆所有人才不承担责任，由运行支配和运行利益的实际归属者承担责任。《物权法》施行后，机动车辆登记既是交通管理的重要手段，也具有物权公示、公信的效力。交通事故损害发生后，首先推定登记薄上记载的所有人为赔偿责任主体。《侵权责任法》第五十条规定："当事人之间已经以买卖等方式转让并交付机动车但未办理所有权转移登记，发生交通事故后属于该机动车一方责任的，由保险公司在机动车强制保险责任限额范围内予以赔偿。不足部分，由受让人承担赔偿责任。"登记的所有人以此条规定主张不承担赔偿责任，应当承担举证责任。交通事故赔偿数额常常比较大，实践中，有的责任人意图通过虚构买卖合同，转移肇事车辆的所有权来逃避执行，因此，对车辆登记的所有人提供的证明车辆已转让的证据要从严审查。在侵权诉讼中，长领汽运中心主张车辆已转移，未提供充分的证据证明，生效判决未采信其抗辩意见。若长领汽运中心坚持认为其不应承担赔偿责任，也应当通过再审程序解决，而不能提起汽车买卖合同纠纷诉讼，转移所有权来推卸自己的赔偿责任。

(二)个人独资企业经营转让的，原投资人对转让前的债务仍应承担清偿责任

《个人独资企业法》第二条规定，个人独资企业是指由一个自然人投资，财产为投资人个人所有，投资人以其个人财产对企业债务承担无限责任的经营实体。"非法人团体资格说"认为，个人独资企业既不是自然人，也不是法人，个人独资企业持有营业执照，是享有相对独立法律人格的非法人团体，是市场活动中的合法商事主体，具有自己相应的权利能力和责任能力。根据《最高人民法院关于适用〈中华人民共和国民事诉讼法〉若干问题的意见》第40条第(1)项的规定，个人独资企业可以自己的名义参加诉讼，作为被告的，实践中一般也不追加投资人为被告。《个人独资企业法》第三十一条规定："个人独资企业财产不足以清偿债务的，投资人应当以其个人的其他财产予以清偿。"可见，个人独资企业的债务首先由登记在该企业名下的财产清偿，不足清偿时，由投资人承担补充责任。换句话说，投资人是个人独资企业的终极责任人。这与一人有限责任公司的民事

责任的承担方式明显不同。营业转让是包括财物、权利及事实关系构成的企业财产及债务的概括转让。基于对债权人合法权益的保护，债的转移未经债权人同意，不得对抗债权人。个人独资企业营业转让的，原投资人不能免除责任，并且，根据权利义务一致的原则，受让人还应在受让财产的范围内对债权人承担清偿责任。本案中，被执行人长领汽运中心为个人独资企业，企业转让后，侵权之债成立时的企业投资人金连芬仍应承担清偿责任。

二、确定原投资人承担责任适用的程序

如前分析，个人独资企业经营转让的，原投资人应当对转让前的债务承担清偿责任。是通过诉讼程序判决确认还是在执行程序中裁定确定？是被执行人的变更还是被执行人的追加？

（一）应通过执行裁定解决

有人认为，本案中该企业已经转让给第三人张占强，并办理了工商登记，金连芬已不是该企业投资人，并且，其他法院生效判决确认肇事车辆并非长领汽运中心所有，谁来承担企业转让前的债务，需要对转让合同效力的审查判决，涉及复杂的实体法律关系，在执行程序中难以审查判断。因此，应当由申请执行人另行确认之诉，经实体审理确认金连芬应当承担责任的，再执行金连芬的其他财产。

民事诉讼解决的是特定当事人之间的权益纠纷，采取的是双方当事人对立的结构，因此，裁判的既判力一般只及于双方当事人，不能随意及于第三人，这就是“既判力的相对性原则”，既判力的相对性决定了执行力的相对性，即执行力在主观范围上只及于本案当事人之间，一般不及于第三人。[1]但如果严格坚持执行力的相对性原则，则可能造成当事人的讼累和司法资源的浪费，并导致执行效率的低下，影响当事人通过诉讼解决纠纷的实效性。在特定情况下，需要对既判力的主观范围进行扩张，即变更、追加被执行人，实现执行程序公正与效率的平衡。但变更、追加被执行人确实存在没有经过对席审判，缺乏正当程序保障而导致扩张错误的风险。因此，应当受到严格限制，即限于有法律、司法解释的明确规定，法律关系简单明了，通过简单的形式审查即可判断权利义务关系，否则应当通过诉讼程序解决。《最高人民法院关于人民法院执行工作若干问题的规定（试行）》（以下简称《执行规定》）中“九、被执行主体的变更和追加”

① 刘璐：《民事执行重大疑难问题研究》，人民法院出版社2010年版，第38页。

规定了七种情形，《最高人民法院关于依法制裁规避执行行为的若干意见》（以下简称《制裁规避执行意见》）第二十条规定：有充分证据证明被执行人通过离婚析产、不依法清算、改制重组、关联交易、财产混同等方式恶意转移财产规避执行的，执行法院可以通过依法变更追加被执行人或者告知申请执行人通过诉讼程序追回被转移的财产。笔者认为，对《执行规定》第九部分规定的情形及离婚析产转移财产的，可以直接裁定变更、追加被执行人，而对改制重组、关联交易、财产混同等方式恶意转移财产规避执行的，法律关系比较复杂，执行机构难以审查，由申请执行人另行诉讼程序解决比较稳妥。

值得注意的是，《民事诉讼法》未确立被执行人异议之诉制度，《最高人民法院关于适用〈中华人民共和国民事诉讼法〉执行程序若干问题的解释》（以下简称《执行程序解释》）、《制裁规避执行意见》对被执行人对执行标的物权属有争议，能否向其他法院提起诉讼未作规定。恶意诉讼是目前执行实践中存在的规避执行行为的之一，虽然所占比例不大，但性质恶劣、后果严重、影响极坏，其损害的不仅是申请执行人的合法权益，更是损害了审判和执行的公正和有序，如果不对恶意诉讼问题依法进行制裁，将对司法权威造成极大的危害。[①] 笔者认为，既要防止案外人恶意诉讼，也要防止被执行人恶意诉讼，根据目的解释，被执行人主张执行标的物归他人所有的，亦不得向执行法院之外的法院提起诉讼，请求确认或转移该标的物的所有权。被执行人认为执行标的物不属自己所有的，只能向执行法院提出执行行为异议，执行法院审查后，认为异议成立的，裁定解除对该标的物执行措施，申请执行人认为裁定错误的，可向上一级人民法院申请复议；执行法院认为被执行人提出的执行行为异议不成立，裁定驳回异议，案外人主张实体权利的，可向执行法院提出案外人异议之诉。而本案中，长领汽运中心采取向其他法院提出买卖合同纠纷之诉，由于在《执行程序解释》）施行前，并无不当，在《执行程序解释》施行后，类似行为应当认定为规避执行的行为，申请执行人可依《最高人民法院关于适用〈中华人民共和国民事诉讼法〉审判监督程序若干问题的解释》第五条之规定，可以在判决、裁定、调解书发生法律效力后二年内，或者自知道或应当知道利益被损害之日起三个

---

① 于泓：《解读〈最高人民法院关于依法制裁规避执行行为的若干意见〉》，载奚晓明主编：《民事法律文件解读》2011 年第 7 辑，人民法院出版社 2011 年版，第 7 页。

月内，向作出原判决、裁定、调解书的人民法院的上一级人民法院申请再审。执行法院认为该生效裁判文书系恶意串通规避执行损害执行债权人利益的，亦可依《制裁规避执行意见》第十一条之规定，向作出该裁判文书的人民法院或者其上级人民法院提出书面建议，有关法院应当依照《民事诉讼法》和相关司法解释进行再审。本案虽未把肇事车辆作为执行标的，不涉及这一问题，但仍有探讨的必要。

（二）是被执行人的变更还是追加

有人认为，《执行规定》第七十六条的规定与该部分其他条文对照，该条未使用“追加”一词，应当是被执行人的“变更”。我国学术界和实务界通说认为，被执行人变更和追加是有区别的。变更指的是在原被执行人（债务人）法律主体资格消灭的情况下，按照法律规定的条件，以被执行人的继受人作为新的被执行人承担原被执行人所应当履行的义务。伴随着原被执行人主体资格的丧失则发生的财产、资金流转等法律事实，是被执行人变更的主要原因。变更后的被执行人一般仅在受益的范围内承担责任，即承担有限责任。而追加是原被执行人依然存在，但由于法律上原因（如设定担保、承担出资责任等）而追加与债权有关联的主体为被执行人，原债务人依然要承担清偿责任。被执行人追加的前提是被执行人无力清偿生效法律文书确定的债务（清偿不能）。追加的被执行人与在先的被执行人具有主体的同一性、责任的连带性。主体的同一性是指追加的被执行人与原被执行人相当于同一个民事主体，因此，权利、义务具有连带性，二者不可分割，如私营独资企业业主与该企业的关系、合伙企业与合伙人之间的关系等均属此类。[①] 笔者认为，被执行主体的变更是因为主体之间的承继性，债权债务的概括承受，即执行根据确定的被执行人消亡（自然人死亡或法人、其他组织注销）后，承继其权利义务的人应当变更为新的被执行人，表现为履行上的替代性。其中，仅是法人、其他组织名称变更的，是法律拟制人格的消亡，其实质并未消亡，新的被执行人对该债务承担无限责任，其他情形下，根据权利义务一致的原则，应在其受益的范围承担责任，即有限责任。而被执行主体的追加，是执行根据确定的被执行主体仍然存在，由于不能履行执行根据确定的义务，被追加的执行主体与该债务的履行存在一定的牵连关系而加入到债务的履行中来，具

① 刘璐：《民事执行重大疑难问题研究》，人民法院出版社 2010 年版，第 36～37 页。

体表现为履行上的连带性（如合伙人对合伙的债务）和补充性（投资人对个人独资企业的债务），并非主体的同一。本案中，长领长领汽运中心虽然几经转让，但并未注销，作为相对独立的商事主体依然存在，属于追加被执行人的范畴，执行过程中，如果发现该企业还有其他财产的，执行法院可继续执行，假如原投资人不能清偿债务，执行法院还可追加受让人在接受财产的范围内承担清偿责任。如果是裁定变更被执行人，则意味原被执行人退出了执行程序，发现该企业另有财产的，不能再予执行，也不能追加执行受让人。

综上，本案裁定追加侵权之债成立时的企业投资人为被执行人是正确的，这样既防止规避执行的行为，又可以减少当事人诉累，有利提高执行效率。

卢磊诉市人力资源和社会保障局与物业管理有限公司工伤认定案

曾照旭*

【案情简介】

原告：卢磊。

被告：市人力资源和社会保障局。

第三人：物业管理有限公司。

卢磊从2008年开始在物业管理有限公司从事保安工作，双方签订了书面劳动合同。2009年2月15日14时30分左右，卢磊在物业管理有限公司提供物业服务的越秀花园住宅小区D区值班站岗时突然晕倒在地，导致受伤。受伤后被送往赣南医学院第一附属医院治疗，医院诊断为：（1）左侧颞叶脑血肿；（2）右颞部术后颅骨缺损；（3）癫痫持续状态（外伤性）。卢磊的主治医师在调查笔录中认为卢磊此次受伤有可能导致癫痫。2009年4月21日，卢磊以在工作时间和工作场所内、因工作原因受到伤害为由向

* 江西省赣州市中级人民法院法官。

市人力资源和社会保障局提出工伤认定申请，当日被该局受理。市人力资源和社会保障局作出不认定卢磊为工伤或视同为工伤的工伤认定决定书。卢磊不服，依法提出行政复议，赣州市人民政府作出维持工伤认定决定书的行政复议决定。卢磊不服，向法院提起行政诉讼。另查明，卢磊于2003年做过右颞后颅骨手术。物业管理有限公司对保安实施三班倒工作制度。

【审理结果】

一审法院认为，原告卢磊确实在工作时间在工作地点晕倒，但是原告卢磊不能提供充分的证据证明是由于工作原因引发的，其主张没有事实和法律依据，其理由不能成立。被告市人力资源和社会保障局经过调查和医院出具的诊断证明认定原告卢磊的受伤系由于其自身疾病发作所致，进而作出原告卢磊受伤不是工伤或视同工伤的认定，符合法律规定，依法应予维持。

卢磊不服，提出上诉。

二审法院认为，《工伤保险条例》第十九条第二款规定，用人单位如认为职工不是工伤的，应由用人单位承担举证责任。物业管理有限公司认为卢磊不是工伤，应承担举证责任。疾病证明书中的诊断结论与医师意见，以及对医师的调查笔录，均未对卢磊是否旧病复发导致癫痫作出明确的结论。且物业管理有限公司规定保安实施三班倒的工作制度，不能排除卢磊系值班站岗时因工作劳累突然晕倒致伤导致癫痫的可能。物业管理有限公司提交的证据不足以排除卢磊不是因工作原因受伤。市人力资源和社会保障局据此认定卢磊受伤系旧病复发，作出工伤认定的证据不足。故作出撤销一审判决，撤销市人力资源和社会保障局作出的工伤认定的判决。

[评析]

工作中晕倒受伤引发癫痫能否认定工伤

二审合议庭对于工作中晕倒受伤引发癫痫能否认定工伤这一问题，存在不同意见。一种观点认为，应驳回上诉，维持原判。理由有：一是根据《劳动部办公厅关于在工作时间发病不作工伤处理的复函》（劳办发〔1994〕177号）规定“目前，我国仅将月经期女职工的高处作业列为禁忌工种。高血压病为一种常见病，发病原因及发病时间难以确定，现行政策也没有按工伤处理的规定。我们认为即使在工作现场、工作时间内发病，也不应作工伤处理，而应按因病或非因工伤处理。”比照该文件精神，因自身患病在工作中发作的致伤的不应作工伤处理。卢磊在工作中系因自己疾病引发癫痫，不应作工伤处理。结合《劳动部办公厅关于在工作时间发病是否可比照工伤处理的复函》（劳办发〔1996〕133号）规定：“依据1965年全国总工会劳动保险部（65）险字第760号文件规，职工在正常工作中，确因患病而造成死亡的，原则上应按非因工死亡处理。但是对于个别特殊情况，例如由于加班加点突击工作而发生疾病死亡的，可以当做个别特殊问题，予以照顾，比照因工死亡待遇处理。”本案中，保安实施三班倒的工作制度，也不符合该复函规定的由于加班加点突击工作情形，也不应作工伤处理。二是用人单位已完成其举证责任。综上，市人力资源和社会保障局作出卢磊在工作中晕倒致癫痫不属于工伤的认定应予以维持。

另一种观点，认为市人力资源和社会保障局作出的不认定工伤证据不足，应予以撤销。

本案的争议焦点在于卢磊的癫痫是旧病复发导致癫痫还是由于工作原因致癫痫。笔者同意第二种观点，现作以下分析。

一、工作中受伤情况下工作原因的认定

《工伤保险条例》中对“工作原因”未作出明确的规定，导致在司法实践中对“工作原因”的认定难以把握。一般认为工作原因包含两个要件：一是劳动者受伤与履行工作职责相关，二是劳动者受伤与履行工作职责存在因果联系。前者是形式要件，后者是实质要件。而在工作中受伤情况下工作原因的认定，第一个要件劳动者受伤是否与履行工作职责相关则显得较为明显，关键在于职工受伤是否与履行工作职责存在因果关系的认定。因果关系包括一因一果关系和多因一果关系。一因一果关系又称直接因果关系，是指职工受伤与履行工作职责的联系直接明了，在司法实践中比较容易认定。多因一果关系属于间接因果关系，是指职工受伤结果是由多种原因造成，履行工作职责只是导致职工受伤结果的原因之一。对于间接因果关系认定，应客观认定履行工作职责对于职工受伤结果原因力的大小和联系，排除不属于因履行工作职责的因素。

间接因果关系的认定应考虑以下几个方面：一是采取逆向分析确定职工受伤的原因。逆向分析就是指从职工受伤的结果逆向寻找原因。如本案中，卢磊在工作中晕倒致癫痫，导致癫痫的原因可能有工作劳累，卢磊自身的旧病复发，或卢磊本身患有旧病因工作引发导致癫痫。二是分析各个原因与职工受伤的原因力大小。根据各个原因力的大小情况，确定造成职工受伤的基础事实。三是根据绝对优势证明标准排除不属于工作原因的基础事实。绝对优势证明标准是指某一基础事实导致职工受伤的可能性或不可能应达80%以上，若不可能性达到80%以上则将这一因素排除。

二、构成工伤的举证责任问题

在存在多因一果的情况下，对是否属于工作原因难以界定时，则应依赖证据规则进行推定。将不属于工作原因的致害原因认定为工作原因，会损害用人单位的利益，将属于工作原因的致害原因不慎排除，又会损害职工的合法权益，因此要在认定工作原因过程中要依法对证据进行认定。

根据《工伤保险条例》第十九条第二款规定，用人单位如认为职工不是工伤的，应由用人单位承担举证责任。《工伤保险条例》基于劳动者处于弱势地位，举证能力不足等原因，免除了劳动者证明自己属于工伤的举证责任，将举证义务转移到用人单位。工伤行政确认案件归责责任原则实质上适用的是举证责任倒置，由用人单位就否认工伤进行举证。行政诉讼案件通常的证明标准是“有说服力”的证明标准，也就是说，行政事实基础事实存在可能性只要达到80%以上，法院就应当予以认定。由此可见，工伤行政确认案件的证明标准适用的是绝对优势标准，即用人单位提交的证据证明劳动者不属于工伤的可能性达到80%以上，劳动保障部门方可作出不属于工伤的认定。若劳动保障部门未按照上述归责原则对用人单位否认的工伤的情况作出的不属于工伤的工伤认定，法院则应予撤销劳动保障部门作出的工伤认定。

本案中，物业公司不同意认定卢磊为工伤，但其依据卢磊系旧病复发引起的癫痫证据未达到绝对优势标准，故市人力资源和社会保障局作出不认定卢磊为工伤的具体行政行为应予以撤销。

《最新法律文件解读》丛书
稿　约

为更好地服务司法与行政执法工作，加强法制宣传，提高司法与行政执法能力，人民法院出版社2005年起正式出版《最新法律文件解读》丛书。

欢迎您向以下栏目赐稿：

【最新法律文件解读】主要是对最新颁行的法律文件进行解读，帮助司法和执法人员正确理解法律文件的立法背景、意义、重点内容、在适用中应注意的问题、与相关法律文件的衔接与互动关系等等。

【司法工作热点问题研究】主要刊登对司法理论、实务及司法管理工作中的热点、疑难问题进行研究及评论的文章。

【新类型疑难案例选评】主要是对司法和行政执法实践中具有典型性和代表性的疑难案例，结合具体案情以及审理或处理结果进行简练精辟的点评，解析认识问题的方法、处理问题的法律依据和在个案中的具体适用。每篇点评文章一般在两三千字左右为宜，并拟出点评题目。

【法学前沿与新视点】以摘要的形式刊登相关法学理论研究的最新动态及具有代表性和典型性的前沿问题，扩展法学研究的深度和广度。

【法律适用热点、疑点、难点问题解答】主要针对司法和行政执法实践中面临的新问题、热点问题、疑难问题进行简要地解答，指出涉及的法律关系，明确法律适用依据。

稿件一经刊用，即付稿酬，稿酬从优。

《刑事法律文件解读》　兰丽专　邮箱：lanlizhuan@sohu.com

《民事法律文件解读》　肖瑾璟　邮箱：courtbook@163.com

《行政与执行法律文件解读》　姜　峤　邮箱：jiang9919@126.com

《商事法律文件解读》　姜　峤　邮箱：jiang9919@126.com

人民法院出版社

《最新法律文件解读》丛书编辑部